JN049201

観音経 奇蹟の経典

ひろさちや

佼成出版社

観音経
奇蹟の経典

まえがき

仏教のお経の数は、いったいどれくらいあるのですか……？

しばしば、そういった質問をうけます。その答えは、なにを独立の経典と見るかによってだいぶかわってきます。しかしまあ、ざっと三千――といったところが、いわゆるお経の数ではないでしょうか……。

もっとも、三千のお経の大部分は、その名称すら人々に知られていないものです。一般によく知られたお経といえば、三千のうちの一％の三十くらいではないでしょうか。

そして、誰もが知っているお経といえば、その三十のうちの半分にもならないと思います。

ところで、日本人に最もよく知られ、親しまれているお経といえば、何があるでしょうか。たぶん、それは、

『般若心経（はんにゃしんぎょう）』

『観音経（かんのんぎょう）』

の二つだと思います。この二つであれば、ほとんどの日本人が一度や二度は、その名を耳にしているはずです。

じつをいえば、『般若心経』と『観音経』は、ともに〝観音さま〟のお経です。その詳しいことは本文で読んでいただきたいのですが、〝観音さま〟をテーマにしたお経が日本人のあいだで親しまれているというのも、これはなにか特別の理由のあることだと思われるのですが……。

『般若心経』と『観音経』は、そういう意味での大きな共通点があるのですが、一方、この二つのお経はものすごく対蹠的な経典です。ご存知のように『般若心経』は、深遠な仏教の哲理を展開した哲学的な経典です。それに対して『観音経』は、〝現世利益〟を説いた、いささか低級なお経だと思われているのです。

じつをいえば、『観音経』という独立の経典は存在しません。さきほど、お経の数はそのかぞえ方によってちがってくるといいましたが、『観音経』を一つの独立の経典とするかしないか、だいぶ意見のわかれるところです。

ご存知の読者も多いと思いますが、『観音経』というのは、あの有名な『法華経』――正しくは『妙法蓮華経』という――の一部なのです。『妙法蓮華経』の第二十五品（第二十五章）。「観世音菩薩普門品」をとりだして独立させたものが、いわゆる『観音経』と呼ばれている経典です。お釈迦さま――釈尊、すなわち釈迦牟尼仏――が、観世音菩薩（観音さま）の名前のゆえんを説明し、観音さまがわたしたち衆生をそのさまざまな苦難から救ってくださり、また衆生救済の方便のために観音さまが三十三の変化身をとられることを説き明かしたのが、この『観音経』なのです。そういう意味で、『観音経』は、〝現世利益〟を説いた大乗経典なのです。

正直に告白すれば、最初わたしは、〝現世利益〟というものに少々胡散臭さを感じていました。〝現世利益〟には二つの意味がありそうです。〝即効性〟と〝即物性〟といえばよいでしょうか。〝即物性〟というのは、病気が治ったり、長生きできたり、がっぽりとお金が儲かったり、……といった、そんな即物的な利益が得られることです。〝即効性〟というのは、頓服薬をのんだときのように、その効果がたちまちに得られることを意味します。

わたしは、仏教というものが、もっと精神的なものだと思っていたのです。高尚にして深遠な人生の諸問題を解決するのが、仏教の仏教たるゆえんだと信じ込んでいたのです。たぶんわたしがそれだけ若かったからだと思います。

〝即物的な利益〟――つまり、治病・延命・金銭といったことに関しては、本文のうちで〝奇蹟〟の問題としてそれを論じておきました。だから、そちらのほうは本文に譲って、「まえがき」においては、もう一つの〝即効的な利益〟について一言しておきます。わたしはいまでは、その〝即効的な利益〟についてなんの疑いももっていません。

つまり、こういうことです。

「南無観世音菩薩（なむかんぜおんぼさつ）」――と、わたしたちが観音さまの名（みな）を称えます。するとたちまち、観音さまはわたしたちに救いの手をさしのべてくださるのです。称名（しょうみょう）の効果は一瞬にしてあらわれます。

昔は、それじゃあまるで手品ではないか……と、そんな即効的・即物的利益を馬鹿にしていました。じつは、それを馬鹿にするわたしのほうがまちがっていたのですが、若いころ（いまだって若いつもりでいますが……）のわたしはそれに気づかなかったのです。

わたしのまちがいは、称名そのものが〝現世利益〟であることに、思いいたらなかったことです。「南無観世音菩薩」と称名して、その称名から得られる利益を別のところに求めていました。

しかし、それはまちがいです。

称名そのものが、いちばん大きな利益なのです。

たとえば、他人からひどい仕打ちをうけたとき、たいていの人は「こん畜生！」とか「あの野郎、ぶっ殺してやりたい！」と思い、そういうことばを吐きます。にもかかわらず、そのとき静かに称名できる人がおれば、その人はもうすでに救われているのです。称名そのものが、その人にとって救いの証（あかし）となっています。称名によってほかに何かが得られるのではなく（ほかに利益があるかもしれませんが）、称名できたそのことがほかならぬ〝現世利益〟ではないでしょうか。わたしはいま、そのように考えています。わたしはそのように考えて、本書を書きました。そして、そのように考えれば、〝現世利益〟を説いた『観音経』は、決して低級なお経ではないのです。いや、それどころか、わたしたちの日常生活に、もっともっと読まれてよい大事な経典だと思います。

＊

本書を書くようにすすめてくださったのは、大蔵出版株式会社の武本武憲編集長です。武本氏はわたしの大学時代からの友人です。また、原稿ができてからのちは、同社の桑室一之氏にお世話になりました。付記してお礼を申しあげます。

合掌

一九八二年十月六日

ひろ　さちや

観音経　奇蹟の経典——目次

本書は、一九八二年十二月に大蔵出版株式会社から発刊されたものを新装版として刊行するものです。

仏教において奇蹟とはなにか

奇蹟の経典

『観音経』は奇蹟の経典である――。

と、いきなりこんな断定から書きはじめるのは、ほんとうは得策でなさそうだ。というのは、『観音経』というお経は、ポピュラーなことはポピュラーだが、しかしいささか程度の低い経典と思われてきたからである。いや、逆か……。程度が低いということは、とりもなおさず大衆性をもっていることと同義であろうからして、『観音経』は程度の低い経典なるが故にポピュラーになったのだと言うべきかもしれない。

まあ、それはともかく、『観音経』といったお経は、あまり深遠な哲学・思想を説かず、庶民的・日常的なご利益信仰を説いた経典だと思われてきた。つまり、いわゆる観音信仰である。衆生が一心に観音菩薩の名を唱えれば、観音さまはあらゆる災難からその信者を救ってくださるし、どんな病気だって治してくださるのである。それが観音信仰であり、『観音経』はそんな観音信仰を説いた経典であるわけだ。そういうことになっている。

たとえば、あの「三つ違いの兄(あに)さんと……」の口説(くどき)で有名な浄瑠璃『壺坂霊験記(つぼさかれいげんき)』である。

女房のお里は、夫の沢市(さわいち)の盲目を治してもらおうと、壺坂寺観世音に願をかける。夫の沢市は、夜ごとに女房が外出するのを浮気と邪推し彼女のあとをつけるが、真相を知ってかえって自己嫌悪におちいる。自分が女房の足手まといとなっていることを憂え、崖から身を投ずる。それを知った女房のお里も、同じところから身を投じたが、つまりは二人とも助かるのである。しかも、夫の沢市の盲目も治していただいた。これが観音信仰のご利益である。そして、そのようなご利益を喧伝した経典が『観音経』である。

だから、『観音経』は、奇蹟を謳(うた)った経典である。

そして同時に、『観音経』は大衆的なお経である。

そう言うことができる。

たしかに、それはそのとおりである。

けれども、「奇蹟を謳った」ということと、「大衆的な」ということを安易に結びつけ、それで『観音経』を子どもだましの教えと錯覚してもらいたくないのである。観音信仰のご利益――奇蹟――を、紙芝居的・マンガ的に受け取ってもらっては困る。「困る」という言い方はいささか変であるが、少なくともわたしは、『観音経』をそんなふうには思っていない。あらかじめわたしの考えを述べておけば、『観音経』はれっきとした仏教の経典であるのだから、それが「奇蹟」というものについて発言している裏には、やはり仏教らしい考え方があってのことなのである。そこのところを見落とすなら、わたしたちは『観音経』を誤解したことになるだろう。わたしはそのように考えているのである。

ともあれ、問題はどうやら、「奇蹟」ということばにありそうだ。「奇蹟」といったものをどう理解するかによって、『観音経』の理解の仕方が大きく変わってくる可能性がある。

そこでわれわれは、『観音経』の本文を読むまえに、「奇蹟」についてすこしく考えておくことにする。

なにが奇蹟か?

奇蹟はあるのか、ないのか……?

奇蹟といえば、きまって最初に問われる質問がこれである。奇蹟はあるか、ないか——。けれども、じつはこの質問がいちばん厄介(やっかい)なのである。なぜなら、質問者が「奇蹟」というものをどのように考えているのか、どうにもはっきりしないからである。まさかそんなことはないと思うが、たとえば彼は、太陽が西から昇るのが奇蹟だと思っているかもしれない。あるいは、宝くじで一千万円当たるのが奇蹟だと考えているかもしれない。もし前者ならば、そんなことはない——とわたしは答えるであろうし、後者の場合ならば、宝くじに当たるか当たらぬかは「偶然」の問題であって、たとい一千万円に当たっても、わたしはそれを奇蹟だとは思わない。ともかく、質問者がなにを奇蹟と思っているかによって、わたしの答えは大きくちがってくるのである。

したがって、奇蹟はあるか、ないか……と問われたなら、わたしはまず、「いったい、奇蹟ってなんなのですか？」と反問せねばならない。その上で、その定義にもとづいて、あらためてわたしの答えを検討すべきであろう。

しかし、そうはいっても、そんなことができるのは、面と向かっての対話の場合である。いまのわたしのように文章を綴っている場合には、そんな反問をすることはできない。だとすれば、わたしは、奇蹟があるか否かの問いに対して、やはりわたしなりの解答を書きつづけねばならない。そこでわたしは、その問題を少しく角度を変えながら問いすすめて行くことにする。

すなわち、——。

まずはこういうふうに問うてみるのである。

——信仰（あるいは宗教）によって、病気を治すことができるであろうか？

と。

そのような問いであれば、わりと正確に答えられるであろう。

●病気は「気の病い」

こんな話を聞いたことがある。

胃潰瘍（いかいよう）の患者である。大学病院に入院していたが、いっこうによくならない。それで、思いあぐねて主治医に相談したという。

「あんた、胃がどこにあるか知っているか……？」

医者は変な質問をする。彼は、胃のあり場所を手で押えた。

「胃がどこにあるか、知ってるようでは治らんな……。酒でも飲んで、胃のあり場所を忘れてしまったらどうだ……」

医者はそう言ったという。胃潰瘍の患者に酒をすすめるのだから、ある意味でこれは滅茶苦茶である。しかし、彼には医者の言わんとすることがよくわかった。

——くよくよしないこと。

それがいちばんの薬だと、彼は知ったのである。その結果、急に彼の病気がよくなったという。

病気というものは、医者が治すのではないのである。病気を治すのは、あくまで患者自身である。医者はそのお手伝いをするだけだ。そのように、たいていの医者が言っている。

だとすれば、この胃潰瘍の患者のように、心のもち方いかんによって病気が治ることは、充分に考えられるのである。いや、〝病気〟というものは、文字どおりに「気が病んでいる」のだから、「気」（心）が正常になれば、当然に治るものである。治らぬほうがおかしい、といえるかもしれない。

それと、もともと病気でない患者があんがい多いらしいのだ。現在、自治体によっては、高齢者の医療費が無料になっている（初版発刊当時）。それで暇をもてあました老人たちが、ちょっとした病気をつくっては病院通いをしているそうだ。病院でおしゃべりを楽しんでいる老人たちで、どの病院も混んでいると聞いた。ありうることである。

しかし、そんな老人たちは例外にしても、病院にくる患者の大半が加療を必要としない人たちであるらしい。医学の計量化の問題を専攻しておられる増山元三郎氏によると、

「東大病院で戦前厖大な外来カルテを調べてみたことがある。その結果では、おおよそ八割は、特別の治療を必要としないで治る患者であった。ほぼ同じ頃、ドイツのある大学病院で同じような調査が行なわれ、ほぼ同じ数字を出していた」（同氏著『デタラメの世界』岩波新書）

ということである。つまり、患者の八割が病気でないわけだ。ほんとうにびっくりさせられる数字である。

効かぬ薬

さらに、薬に関しても、こんな話がある。

〝プラシーボ（placebo）〟という薬（？）がある。もとはラテン語で、「わたしは満足するだろう」の意味だそうだ。この薬はぜんぜん薬効がない。メリケン粉を固めてつくった薬だと思えばよいだろう。なにも薬効はないが、患者は薬をのんだと思って安心する。そういった役目の薬である。辞書をひくと、「気休め薬」「偽薬」といった訳語が出ている。薬でない薬である。変な薬だ。

このプラシーボを、胃潰瘍の患者に投与した実験例がある。まずは看護婦さんを通じて、プラシーボを患者に服用させる。ただし、看護婦さんはなにも言わない。ただ黙って患者に薬（プラシーボ）を手渡すだけだ。

ところが、そのプラシーボを服用した患者の二五％が、みごとに胃潰瘍が治ったという。しかし、それで驚くのはまだ早い。今度は別のグループの胃潰瘍の患者に、医者みずからがこのプラシーボを与えたのである。しかも医者は、患者にこう言いきかせる。

「これは、このたび幸いにも手に入った新薬でね、本当は保険では使えないのだが、特別あなたのために投薬するよ。とてもよく効く薬だから……」

いやはや驚いたことに、こう言い聞かされてプラシーボ（すなわちメリケン粉）をのんだ患者の七〇％が、それで胃潰瘍が治ったというのである。そんな事例が、増原良彦氏の『嘘つきの論理』（日本書籍）に書かれてあった。

いったいこれは、どういうことか……？

ごく常識的に言えば、大半の病気は暗示によって治るわけだ。だとすれば、信仰（宗教）によって病気が治るのは、むしろ当然のことではなかろうか……。治らぬ信仰（宗教）のほうが、かえっておかしい。

けれども……と、読者は言われるかもしれない。八〇％の患者が病気でなく、病気の患者の七〇％がメリケン粉（プラシーボ）で治るにせよ、その残りの人間の病気はどうなるのか、と。それさえも、信仰によって治すことができるのか……？

じつは、そう問うことは、問題をもう一度振り出しに戻していることになるのである。わたしは最初に、病気を治すのは患者であって、医者は患者の手伝いをしているだけだ、と語っておいた。あるいはそのことを、次のように言い換えてもよい。すなわち、たとえば内臓疾患の場合に、物療的に内臓の治療を引きうけるのは医者である。けれども、くよくよし、いらいらしている患者の心は、医者はどうすることもできないのだ。そして、そのくよくよ・いらいらが、治療を長引かせるのである。そう考えれば、信仰によって病気が治るのは、むしろあまりにもあたりまえのことなんだ……。

癌との闘い

さらに、癌の患者のような場合を考えてみたい。

現在のところ、癌はまだ不治の病であろう。しかし、なかには癌は治る――と断言される医者がおられる。天林常雄医学博士がそうであり、著書の『ガン病棟7割生還』に、次のように書かれている。

「私は、かなりの進行ガンでも、治療法によっては十分治り得ることを知っている。ガンは決して不治の病などではない。実際、私どもの病院では、これまで数多くのガン患者たちが生還している。具体的な数字をあげれば、七割を超える患者たちが、元気に退院していった。しかもそのほとんどが進行ガンの患者たちである。」

「私は患者にガンを宣告する。宣告することが私の治療法における一つの重要な柱になっているからでもあるが、根本的には、私の医療観、人間観、人生観にもとづくことである。」

「ガン患者の多くは、身体の治療だけでなく、心の治療も必要なのだ。そのためには、自分がガンであることを確実に知っておかねばならない。正しく知ることが、治療の第一歩なのである。私はガン患者の多くに共通する性格を〝ガン性格〟ととらえ、その改造こそガン治療の核だと考えている。私自身はそうした治療法を〝精神手術〟と呼んでいる。」
思わず引用が長くなってしまったが、わたしはこのような考え方に賛成である。もちろんわたしは、医学についてはまったくの素人であるから、癌が治るか否か判断できない。したがって、その点については、判断を保留せねばならない。

わたしが天林氏に賛成なのは、患者が自己の病状を知って、みずから積極的に癌と闘う以外に癌は克服できない、と言っておられる点である。癌にかぎらず、あらゆる病気がそうなのだ。もし癌を治せるとしたら、やはり患者が積極的に癌と闘う以外にないであろう。わたしはそう思って、天林氏の見解に賛同するのである。

癌との闘い——。たぶん、それは苦難の闘いであろう。十人が十人とも、それに勝てる闘いではない。天林氏は七割の勝率を言っておられるが、ひょっとしたらそれは楽天的な数字かもしれない。統計的根拠が示されていないので、なんとも言いようがない。逆に、三割の勝率かもしれないし、あるいは一割もないかもしれない。しかし、それでも闘ってみる値打ちはある。いや、闘わなければならない。闘う以外に、ほとんど勝ち目のない病気だからである。

そして、ともすれば挫(くじ)けそうになる闘いにおいて、患者を支えてくれるものは信仰だと思う。われわれの問題として具体的に言えば、観音さまである。癌に罹(かか)った患者が必死になって闘っているとき、それを側面から応援してくれるのが医者であり、家族であり、そして観音さまが慈愛をこめた目で患者を静かに見守ってくださるのだ。その眼差しに支えられて、彼は血みどろの闘いをたたかうことができる。わたしはそう思っている。おそらく、信仰がないならば、人間はそんな必死の闘いに耐えることができないであろう……。

それから、わたしはこのように教わった。現在のアメリカ医学においては、医者は患者に癌であることを告げるそうだ。その点では、天林氏のやり方は、アメリカにおいてはむしろあたりまえのことだと思う。アメリカ人は、癌と雄々しく闘う姿のうちに、その人の人間らしさを読み取り称讃する。そして、患者に病状をひたかくしにする日本人のやり方を、「甘え」と見ているらしい。そんなふうに教わったことがある。こんなところにも、日本人の「甘えの構造」が露呈しているようだ。

病における人生

もう少しつづけてみたい。わたしたちが病気というものをどのように捉えるか、その捉え方いかんによって、わたしたちの『観音経』の読み方が大きく変わってくるはずである。それで、そこのところを充分に考えておきたいと思っている。

癌との闘い——とわたしは言ったが、じつはそのことは、べつだん癌が不治の病であったところで、ちっとも変わりはないのである。癌の死亡率が一〇〇％であっても、わたしたちは癌と闘いながら生きなければならない。そうわたしは思うのだ。

　わたしたちは健康と病気を比較し、健康を理想とし、病気を疎ましいものに思う。それはそれでやむを得ないのだが、あまりそう思いすぎると、わたしたちが病気に罹ったとき、その期間を無価値な時間、人生における空白の時間と思ってしまいかねない。そして、焦りはじめることになる。

　けれども、その考え方はおかしいだろう。

　たしかに、病気が、二、三日の風邪ぐらいであれば、そう考えることも許されるかもしれない。しかし、かりに二年も三年も入院生活をおくらねばならぬ病気になったとすれば、その期間を空白の人生にしてしまってよいであろうか。ましてや、癌を宣告された患者はどうか……。余命があと一年だとして、その一年を空白にしてしまえば、彼の人生は空白のままで終わることになる。

　そうではないだろう。

　健康な人生だけが、人生ではないのだ。

　病気になった人間にとっては、その病気の人生が人生でなければならない。つまり、病人は、病気において人生を生きねばならぬのである。そうでないと、癌や難病に罹った人の人生は、まったくの無意味になってしまうだろう。

　同じことは、老いについても言える。

仏教では、生・老・病・死の四つの苦しみを列挙する。老いも、病と同じく人間の苦しみである。そして、病人が病において人生を生きねばならぬように、老人も老いにおいて人生を生きねばならぬ。老人が老いを託（かこ）ちつつ生きるのは、馬鹿げたことだ。そんなことをすれば、自分自身がみじめになるだけである。老人にふさわしい生き方は、老いとともに、老いにおいて、充実した人生を生きることである。

そして、――。

病人が病人として人生を生きようと決意したとき、老人が老いにおいて人生を生きようと自覚できたとき、そのときはじめて彼は自分の人生を見つけだせたのである。空白の時間として、無価値なものとして捨てられていた時間を、彼は自分の人生として発見できたのだ。

それが奇蹟である。ゼロ（無）から有をうみだしたのであるから……。

それこそが奇蹟である。病気を直接治す奇蹟もたしかに奇蹟であるが、病気になってなおかつ積極的に生きて行こうと考えさせてくれる奇蹟も、より大きな奇蹟である。

そして、そのような奇蹟が、『観音経』に説かれている奇蹟なのである。

大金がほしい

序章としては充分に長くなりすぎたが、にもかかわらずもう一言だけ奇蹟について語っておきたい。

たとえば、信仰の奇蹟によって、金儲けができるか?……といった問いがある。

金儲けとは、あまりにも即物的な問題であるが、しかし逆に、それだけ庶民的な問題であろう。われわれの『観音経』も、べつだんその問題を避けて通ってはいない。むしろ大いに、そうした即物的なご利益を誇示してさえいる。だからわたしも、序章においてその問題を考察しておきたいのである。

奇蹟による金儲けは可能か?

結論を先に言えば、「可能だ」というのがわたしの答えである。

しかし……。

かつて、たしか『猿の手』と題された短篇小説を読んだ記憶がある(編集部註 イギリスの小説家W・W・ジェイコブズ『猿の手』)。誰の作品であったか、どうにも思い出せないでいる。わたしも最近、記憶力が弱くなった。年齢のせいであろう。けれども、それを託(かこ)つことはすまい。先ほど、老齢になれば、老いとともに生きねばならぬと書いたばかりである。ここで年齢による記憶力の減退を託てば、わたしの言動が一致しなくなる。

ただし、誤解しないでほしい。わたしはまだ、老いを託たねばならぬほどの老齢ではない。ただ、記憶力が衰えたことを言っただけである。ほんのちょっと、年をとっただけだ……。

そんなことはともかくとして、思い出せない短篇小説の作者名にこだわるのはやめにして、わたしの記憶による物語をここに紹介しておく。もっとも、人間の記憶というものはそれほどあてにならないから、物語は相当程度に改作されていると覚悟していただきたい。そして、改作ついでに、わたしは思いきって現代的にしておこう。わたしは「五千万円」と書いたが、原作は西洋のものだから、そんな金額が出てくるはずがないのである。

こんな物語である。

三つの願いごとをかなえてくれる猿の手がある。不気味なマスコットである。老夫婦が、なにかの機会にその猿の手を入手した。

老夫婦は、それがほんとうに三つの願いをかなえてくれる魔法の手だとは信じていない。半信半疑である。半信半疑のまま、ともかく願いごとをしてみよう……ということになった。

「五千万円を授けてください」

そんな願いごとをした。

その直後、ドアを叩く者がいる。老婆が出てみると、保険会社の者である。おたくの息子さんが交通事故で亡くなられました。その報告かたがた伺いました。示談金は五千万円をお支払いします――。保険会社の者はそう言った。

つまり、五千万円は手に入ったのだ。それを偶然と見るか、あるいは猿の手の魔力と見るか。たぶん人によって考えはちがう。しかし、五千万円が手に入ったことは事実である。しかもそれは、息子の命と引きかえであった。

老夫婦は嘆く。あんな願いをしなければよかったのに……と。

そのとき、彼らはふと思い出した。猿の手は、あと二つの願いごとをかなえてくれる力をもっていることを……。その力に頼ってみよう――。

それは、息子の葬式をすでに済ませたあとであった。彼らはちゃんとその眼で、息子の死を確認していた。その息子を、もう一度生きかえらせてほしい――というのが、老夫婦の第二の願いごとである。

死者を蘇らせる。そんなことは不可能なはずだ。その不可能が可能になったとしたら、それはあまりにも不気味ではないか。まさしく、神を冒瀆する行為である。それを知りつつ、彼らは第二の奇蹟を願った。

その夜は、嵐であった。

ヒューヒューと風が吹きすさぶなかを、コツコツと足音が聞こえる。そして、その足音が彼らの家の玄関でとまる。

コンコンとノックの音。

たまりかねて、老婆は猿の手に向かって言う――。

「どうか、息子を消してください」

それが第三の願いであり、そして物語はそこのところで終わっていた。

奇蹟を拒否する精神

原作は、老婆がいたたまれずに第三の願いごとをするにいたる過程を、緊張の筆でもって伝えていた。ものすごく説得力のある作品であった。そう記憶している。

結局、奇蹟があったのか否か、わからないのだ。息子の交通事故は偶然の出来事かもしれないし、死者の蘇（よみがえ）りはあったかなかったかわからない。

だが、わたしに言わせれば、奇蹟とはそういうものだと思う。そういうものだというのは、まず第一に、奇蹟ははっきりとこれがそうだと言えそうにないことである。多くの場合、それは偶然と解することもできるのである。

それから第二に、奇蹟には必ず代償がともなう。五千万円という大金は、息子の命と引きかえに得られたのである。それは虚構の世界での出来事であるが、現実の人生においても、その点は同様であろう。一攫（いっかく）千金を夢見て、競馬・競輪にうつつをぬかす人の現実生活は、荒れすさんだものとなるはずである。奇蹟的に大穴に当たって大金を手にできたとしても、彼は日常生活を犠牲にしてしまったのだ。代償はあまりにも大きい。

あるいは、ケチで金をためる人がいる。その人は、他人の苦しみに同情できぬ人間となってしまうだろう。いわば金の亡者、貪欲の鬼と化すわけだ。鬼にならなければ、蓄財などできっこない。彼は人間性を失い、みずから鬼となったのである。それがケチの蓄財の代償である。『観音経』にも鬼が出てくる。

《或遇悪羅刹。毒竜諸鬼等。念彼観音力。時悉不敢害。》

〔あるいは悪羅刹、毒竜諸鬼等に遇わんに、彼の観音力を念ずれば、時に悉く敢えて害せず。〕

たぶんこの鬼は、そうした内面の鬼であろう。そんな読み方もできそうだ……。しかし、『観音経』の読み方については、いずれ本文でじっくりと考えてみたい。いまは序章であるから、われわれが奇蹟を期待すれば、その奇蹟はきっとなにかの代償を要求するはずだとだけ言っておこう。それさえわかってもらえれば、いまのところは充分である。

わたしは、奇蹟というものは劇薬・麻薬みたいなものだと思っている。劇薬・麻薬はたしかによく効く。しかし、それだけに副作用も大きいのである。徹夜の麻雀をやって、翌日、頭が痛いからといって、それで劇薬にも等しい薬をのむのは馬鹿げている。あるいは、普通の薬ではダメだと言って、麻薬を打つ人がいる。芸能人に多いらしい。一度や二度ならなんでもないかもしれないけれども、常用すれば、必ず体がボロボロになってしまうのだ。しかも麻薬には、常用して中毒にさせる要素がある。危険きわまりない。

奇蹟は、ある意味で麻薬的だ。人間は安易にそれに頼ろうとする。だとすれば、奇蹟は、奇蹟に頼らぬ強靱（きょうじん）な精神に支えられてこそ、真の奇蹟でありうるのである。わたしはそう思う。そして、『観音経』が教えてくれる奇蹟は、そうした真の意味での奇蹟なのだ。つまり、『観音経』は、安易に奇蹟に頼らぬ強靱な精神に支えられた奇蹟について説いた経典である。

そのことを念頭に置きながら、われわれは『観音経』を読むことにしよう――。

第一章 その時、あなたは……

妙法蓮華経観世音菩薩普門品第二十五

爾の時、無尽意菩薩は即ち座より起ちて、偏袒右肩をし、合掌して仏に向かいたてまつりて、この言を作す。「世尊よ、観世音菩薩は、何の因縁を以て〝観世音〟と名づくるや？」と。仏は、無尽意菩薩に告げたもう。「善男子よ、若し無量百千万億の衆生ありて、諸の苦悩を受けんに、この観世音菩薩を聞きて、一心に名を称えなば、観世音菩薩は即時に其の音声を観じて、皆解脱することを得せしめん。

＊　＊　＊

『観音経』は『法華経』の一部

夏目漱石の『草枕』のなかに、一風かわった小説の読み方が出てくる。机の上に本を置いて、偶然に開いたところをいい加減に読んでみる、そんな読み方である。主人公の青年画家が温泉宿の若い女性の那美さんに、自分はいまそんなやり方で小説を読んでいると告げる。

そこで、那美さんとのやりとりがある。

「夫（それ）で面白いんですか」

「夫（それ）が面白いんです」

「何故（なぜ）？」

「何故（なぜ）つて、小説なんか、さうして読む方が面白いです」

「余（よ）つ程（ぽど）変つて入（い）らつしやるのね」

「えゝ、些（ちつ）と変つてます」

「初（はじめ）から読んぢや、どうして悪いでせう」

「初から読まなけりやならないとすると、仕舞迄（しまいまで）読まなけりやならない訳になりませう」

「妙な理窟（りくつ）だ事。仕舞迄（まで）読んだつていゝぢやありませんか」

「無論わるくは、ありませんよ。筋を読む気なら、わたしだつて左様（さう）します」


高校時代にはじめてこの『草枕』を読んだときから、わたしはいちどそんな小説の読み方をしてみたいと思っていた。でも、わたしの性格の故か、やろうと思ってもできないでいる。どうしても筋が気になるのである。わたしの小説の読み方は、徹頭徹尾筋を読むことに終始しているらしい……。

脱線のお叱りを覚悟の上で、冒頭からこんなことを言いだしたのには、それなりの理由がある。われわれはいま『観音経』を読みはじめようとしているのだが、じつをいえば『観音経』は、ある一冊の本のなかの一章なのである。だから、『観音経』を読みはじめることは、『草枕』の青年画家がやったように、一冊の本を途中から読むことになるわけだ。

その一冊の本とは――『法華経』である。『法華経』は、正しくは『妙法蓮華経』という。誰知らぬ者もない有名な大乗経典である。あらゆる経典中の王とされ、周知のごとくわが国では、鎌倉時代の日蓮聖人がことにこの経典を重視された。『法華経』の漢訳には、現存するもので三種あるが、いちばん多く用いられているのが鳩摩羅什（くまらじゅう）訳、すなわち羅什三蔵の訳になる『妙法蓮華経』である。したがって、ふつうに『法華経』といえば、羅什訳の『妙法蓮華経』をいう。

そしてその『妙法蓮華経』の第二十五章、つまり「妙法蓮華経観世音菩薩普門品第二十五」が、後世独立の経典とされ、『観音経』と呼ばれるにいたったのである。したがって『観音経』は、『法華経』の一部なのである。

●「如是我聞」と「爾時」

仏教の経典は、すべて「如是我聞（にょぜがもん）」ではじまる。たぶん、そんなふうに教わってこられた読者も多いはずである。

「如是我聞」とは、「かくのごとくにわれ聞けり」の意味である。伝説によると、仏教の開祖の釈尊（一般に〝お釈迦さま〟と呼ばれる）が入滅された直後、五百人の弟子たちが、インドはマガダ国の首都＝王舎城の郊外にある七葉窟に集まって、それぞれが聴聞した釈尊の教えを確認しあったという。五百人の弟子たちは、さまざまな機会に、それぞれ別個に釈尊から教えをうけていた。だから、ひょっとすれば、各自の記憶が混乱し、矛盾しているかもしれない。そんな心配もあって、彼らは集会をもった。そして、その席上で、彼らのそれぞれが、

「わたしはこのように釈尊から聞いた……」

と語った。それが「如是我聞」の意味である。そして、仏教の経典をそのことばでもってはじめるのが、一つの伝統的な形式になったのである。それで、お経はすべて「如是我聞」ではじまるわけだ。

だが、『観音経』はそうではない。

お気づきのように、『観音経』は、

《爾時。……》

ではじまっている。「爾時」とは、「その時」の意である。伝統的な形式を破って、『観音経』は突然、「その時」といったことばでお経をはじめているのである。

その理由は、じつは『観音経』が『法華経』の一部だからである。『法華経』全体とし

ては、他の経典と同じように、「如是我聞」ではじまっているのだ。

《如是我聞。一時仏住。王舎城。耆闍崛山中。与大比丘衆。万二千人倶。……》

〔かくのごとくにわれ聞けり。あるとき仏は、王舎城の耆闍崛山の中に住したまいき。大比丘衆、万二千人と倶なりき。……〕

これが『法華経』――「妙法蓮華経序品第一」の劈頭のことばである。「序品」とは「序章」のこと。したがって、『法華経』の開巻劈頭には、「如是我聞」の四語が置かれているのである。

しかし、第二章からは、当然のことにその語は消えてしまう。第二章は第一章の終わったところからはじまるので、「爾時……」（「その時……」）といったことばが使われている。第一章の出来事が終わった「その時」の意味だ。そして、第三章も「爾時」（「その時」）ではじまり、第四章も第五章も、『法華経』のそのあとの章はすべて「爾時」ではじめられているのである（じつは、第七章だけは例外である。第七章には「爾時」がなく、「仏告諸比丘」（「仏は諸の比丘に告げたもう」）ではじまっている）。

だから、『法華経』の第二十五章である『観音経』は、「爾時」（「その時」）の書き出しではじまるわけだ。お経は「如是我聞」ではじまるものと思っていた人にとっては、ちょっとびっくりさせられたであろうが、その理由は以上のとおりである。

「その時……」

ともあれ、「その時……」ということで、『観音経』ははじまった。では、「その時」とは、どういう「時」か？

だが、読者のその質問に応えようとすれば、「その時」の文字どおりの意味を答えようとすれば、われわれは『法華経』の第二十四章を読まねばならない。そして、第二十四章で疑問が出てくれば、今度は第二十三章に遡る必要があろう。ということは、結局、『法華経』をはじめから読んだほうがよいことになる。

しかし、わたしたちは『観音経』を読んでいるのである。『法華経』の第二十五章ではなくて、『観音経』という独立の経典を読まんとしているのだ。だとすれば、「その時」は「その時」でよいのである。「その時」を「その時」と受け取っておかないと、『観音経』を独立の経典として読めなくなる。

「それでいいのですか……？」

「それでいいのです！」

わたしたちは『草枕』にならって、そう言っておこう。

人生は連続した時間の流れである。現在の一瞬は過去に接続し、過去に支配されている。だからわたしたちは、ときどき過去の出来事にくよくよするのである。しかし、そんなことをしても、なんにもならぬことがある。いや、多くの場合、後悔は非生産的だ。つまらぬ。そんなつまらぬ後悔にくよくよするよりは、過去のことはきれいさっぱり忘れて、現在の瞬間からパッとはじめたほうがよい。いまのこの一瞬に、あなたは新たに出発するのだ。それが、「その時……」の意味である。だから、読者が『観音経』を読もうと思った**その時**が、ほかならぬ「その時」であってよいのである。

菩薩とは何か？

そこで、いよいよ『観音経』を読みはじめる。

《爾時。無尽意菩薩。即従座起。偏袒右肩。合掌向仏。而作是言。世尊。観世音菩薩。以何因縁。名観世音。》

「その時、無尽意菩薩はすなわち座より起ちて、偏袒右肩をし、合掌して仏に向かいたてまつりて、この言を作す。「世尊よ、観世音菩薩は、何の因縁を以て〝観世音〟と名づくるや？」と。」

「その時……」ということではじまったお経は、次に「無尽意菩薩」が登場する。無尽意菩薩とは、「尽きることのない意志をもった菩薩」の意である。〝菩薩〟というのは、詳しい説明をはじめるとあまりにも長くなりそうなので、ここでは「仏に準じた存在」としておく。「仏に準じた」というのは、仏の次に偉い人である。位の上で仏の次にくる人である。

ちょっと、日本のお役所のことを考えてもらいたい。お役所にはいちばん偉い人がいる。それが仏だ。そして、そのいちばん偉い人に準じた人もいる。位の上では二番目だが、しかしその人の実力がいちばん偉い人に劣るとはかぎらない。実力は同等以上であるが、年功の序列があってそうなっている場合もあるのである。それと同じく、菩薩も、実力では仏と同等以上の方がおられる。

それから、駆け出しの窓口公務員だって、ある意味では所長に準じている。彼は窓口で、所長になり代わって仕事をしているのだ。窓口にやってきた市民は、彼を所長の代理として応答しているわけだ。その意味では、じつはわれわれ凡人もまた菩薩なのである。菩薩というのは仏に準じた人だから、わたしたちが仏に準じた行為をしようとするかぎりにおいて、わたしたちはたとい凡人であっても〝菩薩〟となりうるのである。

さらに、この譬喩をおしすすめてみると、仏になれるだけの実力をもちながら、わざと仏にならずに菩薩のままでがんばっている菩薩もおられる。役所にはそんな人はいないかもしれないが、大学などにはそうした人がいる。総長（仏）と同等以上の実力をもちながら、教授（菩薩）のままでがんばっている人がそれだ。総長になると教育の現場を離れねばならぬので、教授として学生に接したいとの熱意をもった先生だ。総長と教授では学生との接し方がちがうように、仏と菩薩も衆生との接し方がちがう。スキンシップ（肌と肌との触れ合い）をもった接触は、菩薩でないとできない。じつは、観世音菩薩（すなわち、われわれの〝観音さま〟）は、そうした菩薩なのである。

それだけの予備知識をもって、もう一度もとに戻って「無尽意菩薩」からはじめよう。無尽意菩薩とはいかなる菩薩か、われわれは知らない。『法華経』に遡って読めば、あるいは詳しいことがわかるかもしれないが、しかしわざわざそんなことをする必要はあるまい。『観音経』は「その時」ではじまり、いきなり「無尽意菩薩」が登場する。それでいいのである。そんな名前の菩薩がおられ、そして仏さまに質問されたのである。

「観世音菩薩は、どうして〝観世音〟という名前がつけられているのですか？」

と。

これは、われわれが問いたい質問である。観世音菩薩とはなにか？　いかなる菩薩か？　なぜ、〝観世音〟と呼ばれるのか？　そんなわたしたちの抱いている疑問を推し量って、わたしたちの代わりに無尽意菩薩が質問してくださったのである。

だとすれば、無尽意菩薩とは、わたしたち自身かもしれない。読者よ、あなたが無尽意菩薩なのだ。そう考えることもできるではないか……。そう考えて『観音経』を読んだほうが、はるかにおもしろそうだ。

その時、あなたが座より起ちあがって、偏袒右肩をし、合掌し、そして釈尊に問い尋ねたのである。偏袒右肩というのは、衣の右肩を袒いできる着方で、古代インドでは尊者に対したときの礼法である。釈尊にお尋ねするのだから、あなたはちゃんと古代インドの礼法に従っているのである。

「お釈迦さま、観世音菩薩は、どうして〝観世音〟と呼ばれるのですか？」

あなたがそう尋ねたのである。

それが、『観音経』のはじまりである。

「善男子よ……」

そこで、あなたの質問に応えて、仏が詳しく説明をはじめられる。

《仏告無尽意菩薩。善男子。若有無量。百千万億衆生。受諸苦悩。聞是観世音菩薩。一心称名。観世音菩薩。即時観其音声。皆得解脱。》

〔仏は、無尽意菩薩に告げたもう、「善男子よ、もし無量百千万億の衆生ありて、諸の苦悩を受けんに、この観世音菩薩を聞きて、一心に名を称えなば、観世音菩薩は即時にその音声を観じて、皆解脱することを得せしめん。」〕

「善男子よ……」と、釈尊が呼びかけられている。これは、無尽意菩薩がたまたま男子であったから、そう呼ばれたわけだ。しかし、無尽意菩薩は『観音経』を読むわれわれ自身であるから、必ずしも男子に限定されない。「善男子」とあっても、それは「善男善女」の意味なのだ。「男子」とあるから、わたしたち女性はダメなのですね……と、どうかあまりへそを曲げないでほしい。ことばというものは、もともと不便なものなのだ。かりに、「善男子」の代わりに「善男善女」としても、それでも僻んだ人が出てこないともかぎらない。たとえば、いわゆる「五種不男」と呼ばれている人は、どうなるか……。

五種不男――というのは、仏教では、完全な男性でない者を五種に分類しているのである。そのうち、先天的に男根が欠けた者を「生不男」といい、刀でもって男根を切り落とした者は「犍不男」と呼ばれる。それから、……。いや、もうやめておこう。わたしの悪い癖で、脱線しはじめるととめどがなくなる。ともかく、男女のいずれにも属さぬ者がいることはたしかなのだ。だから、ことばを杓子定規に解すれば、「善男善女よ……」と呼びかけたって、それに難癖をつけられないわけではないと言いたかったのだ。

ともあれ仏は、無尽意菩薩に「善男子よ……」と呼びかけられ、そして次のように言われたのである。

あのね、ここに無量百千万億の衆生がいるとしよう——。無量とは、量(はか)り知れぬ数をいう。百千万億とは、やはり数えきれぬ大きな数をいったものだ。天文学的な数である。そんな多数の人間がいて、その人々がすべて苦悩のうちにあるとしよう——。あるとしよう……といった表現は、あるいは空々しいかもしれない。なぜなら、人間が苦悩のうちにあることは、まぎれもない事実なのだから。しかし釈尊は、仮定法で言われる。多くの人々が苦しんでいるとしようよ——と。もしかりに、それらの人々が観世音菩薩の名前を聞いて、ほんとうに心の底からその名(みな)を称えてたすけをもとめるなら、観世音菩薩はその衆生の音声を観じて、それら衆生をたすけてくださるのだ——。そう釈尊は教えられたのである。衆生が一心に観世音菩薩の名(みな)を称える。すると、観世音菩薩がその衆生の音声を観じて、苦しみから救ってくださる。そこのところに、〝観世音〟の名の因縁があるのだ。それが釈尊の解答であった。

観世音と観自在

以上の説明で、「観世音菩薩」の名称の謂(いわ)れはよくわかった。しかしわれわれは、もう少し深く、「観世音菩薩」について勉強しておこう。そうしておいたほうが、以下の『観音経』を読むに際して、きっと役立つと思うからである。

ほんの少しばかり、話が学問的になるのを許していただきたい。

観世音菩薩の〝観世音〟は、原語のサンスクリット語では、〝アヴァローキテーシュヴァラ（Avalokiteśvara）〟という。サンスクリット語というのは、いわゆる梵語といわれるもので、古代インドの言語であり、大乗仏教経典のことばである。

ところで、〝アヴァローキテーシュヴァラ〟という語は、これをそのまま正確に訳せば、「自由自在に観ることができる」となる。すなわち、「観自在」である。

おや、どこかで聞いたことのあることばだぞ……。そう思われた読者も多いはずである。そうなのだ。〝アヴァローキテーシュヴァラ〟が「観自在」であれば、〝アヴァローキテーシュヴァラ菩薩〟といえば、「観自在菩薩」である。そして「観自在菩薩」といえば、

《観自在菩薩。行深般若波羅蜜多時。照見五蘊皆空。度一切苦厄。……》

の、あの『般若心経』の「観自在菩薩」である。だから、聞いたことがあるはずだ。

そうすると、「観世音菩薩」と「観自在菩薩」は、同じ〝アヴァローキテーシュヴァラ菩薩〟を訳したことばということになるのだが、じつをいえば〝アヴァローキテーシュヴ

〝アラ〟は、どう考えてみても「観世音」とは訳せないのである。『般若心経』は玄奘三蔵が訳されたものであるが、玄奘訳の「観自在」は正しい訳語だが、『法華経』（『観音経』）の訳者の羅什三蔵の「観世音」は、どうやら誤訳くさいのである。少なくとも、原語が〝アヴァローキテーシュヴァラ〟であれば、羅什訳は誤訳と言わざるを得ない。

けれども、羅什という人は大学者であった。語学については抜群の才能をもった人であったから、彼が誤訳をしたとは考えられそうにない。そこで推測されるのは、羅什三蔵が訳された『法華経』のテキストが、現在のものとはちがっていたかもしれないということである。そういう可能性が考えられないでもないのである。たとえば、近年、中央アジアで発見された『観音経』のサンスクリット語古写本には、〝アヴァローキタ・スヴァラ（Avalokita-svara）〟といった名前の出てくるものがある。この〝スヴァラ〟であれば、「音」と訳せるのだ。もっとも、そうはいっても、これを「世音」とは訳せそうにないから、それで問題が解決したことにはならないが……。

だが、これ以上、学問的な穿鑿はやめにしよう。われわれとしては、

『観音経』の「観世音菩薩」と、

『般若心経』の「観自在菩薩」とが、

同じ一つの菩薩の異名であることさえわかっていれば、それで充分である。そのことだけは、しっかりと頭の中にいれておいてほしい——。

●音を観る

観世音菩薩は、また〝観音菩薩〟と略称される。そして観音菩薩は、さらに、〝観音さま〟の略称で親しまれている。お地蔵さん（地蔵菩薩）と並んで、わたしたち日本人に最も親しいほとけさまである。

ところで、〝観世音〟（あるいは〝観音〟）ということばは、ちょっとおかしいと思われないか？　じつは、〝観世音〟の〝世〟は、「世間の人々」すなわち「衆生」の意である。〝世音〟はしたがって、「衆生の音声」のこと。そこから「衆生の」を省略して、ただの「音声」としてしまっても、それほど不都合はないから、これからは、〝観音さま〟といった呼称を大いに使おうと思う。わたしたちにとっては、そのほうが親しみがある。だいいち、経典の名称からして『観音経』である。

そこで、もう一度繰り返す。ところで、〝観音〟という名称は、ちょっとおかしいと思われないか……？

おかしいでしょうよ。〝観音〟とは、「音を観(み)る」ことだ。ところで、音は観るものでしょうか？

音は聴く（聞く）ものです。

そんなことくらい、幼稚園の子どもだって知っている。それなのに、どうして「音を観る」というのであろうか。

しかし、音を観ることができる人がいるのも事実である。わたしは音痴だから音楽はからきし駄目だが、最近の若い人たちは楽譜をスラスラとよんでいる。うらやましいかぎりである。わが家では、わたしを除いた全員——妻と娘と息子——が、楽譜をよめる。わたし一人が、いつも淋しい思いをしているのだ。

まあ、そんなことはどうでもよろしい。ともかく、楽譜がよめるということは、すなわち音を観ていることではないだろうか。晩年のベートーヴェンは、すっかり耳がきこえなくなったらしいが、それでも作曲はできたのである。彼は音を観ていたのであった。そう考えれば、「音を観る」ということばも、それなりの意味があるようだ。

涙を流すな

しかし、それだけが、〝観音さま〟の呼称のゆえんではないだろう。観音さまが〝観音さま〟と呼ばれる裏には、なにかもっと必然的な理由がありそうだ。

わたしはいま、ふと、芥川龍之介の『手巾(ハンカチ)』と題された短篇小説を思い出した。大学教授のところに、教え子の母親が訪ねてくる。彼女は息子の死を告げにきたのだが、

「眼には、涙もたまつてゐない。声も、平生の通りである。その上、口角には、微笑さへ浮かんでゐる」

そんな態度で、淡々と息子の死を語ったのだ。大学教授は、それを日本人らしい態度と受け取り、不思議に思っていた。

しかし、彼女は泣いていたのである。

テーブルをはさんで、婦人と向きあっていた先生は、床に落としたうちわを拾おうとして、偶然彼女の膝のところを見る。

「膝の上には、手巾を持った手が、のつてゐる。勿論これだけでは、発見でも何でもない。が、同時に、先生は、婦人の手が、はげしく、ふるへてゐるのに気がついた。ふるへながら、それが感情の激動を強いて抑へようとするせいか、膝の上の手巾を、両手で裂かないばかりに緊く、握ってゐるのに気がついた。さうして、最後に、皺くちやになった絹の手巾が、しなやかな指の間で、さながら微風にでもふかれてゐるやうに、繍のある縁を動かしてゐるのに気がついた。——婦人は、顔でこそ笑つてゐたが、実はさつきから、全身で泣いてゐたのである」

泣き声は、必ずしも「音」となって表現されるものではあるまい。悲しみが深ければ深いほど、わたしたちは泣けないこともあるのだ。歯をくいしばってじっとがまんするよりほかない苦しみもある。親が子どもを失う。それは、そんな悲しみなのだ。いくら泣きわめこうと子どもがかえってくるわけがないのだから、親はひたすら涙をこらえている。

そういえば、アルゼンチンの中部から北部にかけての田舎(いなか)では、子どもが死んだとき泣いてはいけない、という言い伝えがあるそうだ。わたしはそのことを自著――『地獄と娑婆のお地蔵さん』(大法輪閣のち佼成出版社)――に紹介しておいたが、アルゼンチンでは、子どもが死ねば天使になるとされている。だが、親たちが泣けば、天使の翼が涙にぬれて、天国に行けなくなるのだ。だから、葬式は鳴り物入りでにぎやかにやるのだそうだ。

プカプカドンドンと鳴り物入りでにぎやかにやる葬式の裏で、しかし両親はじっと涙をこらえているのである。

だから、――。

そうなんだ。だから、観音さまは「音」を聞く(聴く)だけであってはならない。プカプカドンドンの音だけであれば、それはサーカスの宣伝になってしまう。

じっとハンカチをにぎりしめる手――。

涙をこらえた両親の表情――。

観音さまは、それを観ておられるのである。

音にならない音――人間の苦悩を、観音さまはじっと観てくださっている。だから、〝観音さま〟なんだ。わたしはそう思っている。それがわたしの解釈だ。

赤ん坊と母親

こんな話を教わった。

外国の孤児院の例である。

そこで育った子どもたちは、どうも発育が遅いのだ。這い這いをしたり、一人で座ったりできるのが、ふつうの子どもの倍くらいかかる。

それは栄養不良からではない。栄養についてなら、充分に与えられているのだ。だから、問題は精神的なものである。研究者はそう推理し、スキンシップ（肌の触れ合い）に原因があるとした。

たぶん、そうだと思う。赤ん坊は、用事があれば人を呼べる。おむつがぬれたとき、お腹がすいたとき、赤ん坊は泣き声を発して、母親を呼ぶ。孤児院では、母親の代わりをする人がいて、赤ん坊の泣き声でかけつけるのだ。そして赤ん坊は、ミルクをもらったり、おむつを取り替えてもらえる。

ところが赤ん坊はときに嘘のサインを送る。なにも特別の用件はないのに、母親を呼ぶサイン——泣き声を発するのである。これは、母親の愛情をもとめているのだ。そして母親は、騙されたのを承知で赤ん坊のところにかけつける。いや、じつをいえば、母親のほうから先にそれに気づくことが多いのだ。母親にも母親の心理があって、なにも用がなくとも赤ん坊をあやしてやりたくなるのである。赤ん坊が泣くより早く、あるいは泣き声を発する前から、母親が赤ん坊のそばにいるのだ。

孤児院の保母さんに欠けているのは、この愛情である。決して保母さんに愛情がないわけではない。赤ん坊が呼べば、保母さんにしてもすぐにかけつけてくれるのである。しかし、呼ぶ前から赤ん坊のそばにいるような、そんな愛情や暇は、保母さんには期待できそうにない。それはやはり、ほんとうの母親だけがもっている愛情ではないだろうか……。

そして、観音さまである。

観音さまが音を聞く（聴く）ほとけさまであれば、それは保母さんのような愛情でしかないのであろう。衆生（しゅじょう）が苦しみの呻（うめ）き声を発し、たすけをもとめている。それに応えてかけつけるほとけさまは、たぶん大勢おられるだろう。だが、観音さまはそんなほとけさまではない。そんなほとけさまであってもらいたくない。観音さまは、苦しみの衆生が救いをもとめる音声を発するその前から、じっと衆生を観（み）ていてくださるほとけさまである。それだからこそ、〝観音さま〟の名があるのだ――。

わたしはそんなふうに考えている。いや、そんなふうにも考えているのである。じつをいえば、どうして〝観音さま〟と名づけられているのか？……いろんな考え方ができるはずである。ある意味で『観音経』全体が、それに答えたお経だといえるのである。だから、ひとまずはわたしのこんな考え方を手掛りにしておいて、わたしたちは『観音経』を読みすすめて行こう。読みすすめながら、つねに、

「どうして〝観音さま〟という名がつけられたのですか？」

という疑問を反芻してみたい。それが、わたしたちの『観音経』を読む目的であるのだから……。

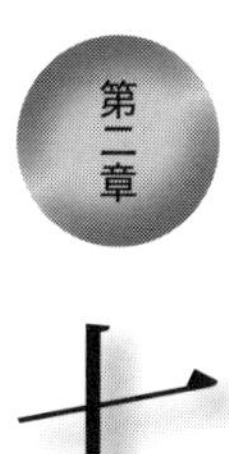

七つの災難

若し是の観世音菩薩の名を持する者有らば、設い大火に入るとも、火も焼くこと能わず。是の菩薩の威神力に由るが故に。若し大水の為に漂わされんに、其の名号を称えれば、即ち浅き処を得ん。若し百千万億の衆生有りて、金銀、瑠璃、硨磲、碼碯、珊瑚、琥珀、真珠等の宝を求めんが為に大海に入らんに、仮使黒風、其の船舫を吹いて、羅刹鬼国に飄い堕さんに、其の中に若し乃至一人にも、観世音菩薩の名を称する者有らば、是の諸人等、皆羅刹の難を解脱することを得ん。是の因縁を以て、観世音と名づく。若し復人有りて、当に害せらるるに臨んで、観世音菩薩の名を称せば、彼の執る所の刀杖は、尋いで段々に壊れて、解脱することを得ん。若し三千大千国土の中に満つる夜叉・羅刹来りて人を悩まさんと欲せんに、其の観世音菩薩の名を称する者を聞かば、是の諸の悪鬼も、尚悪眼を以て之を視ること能わず。況んや復害を加えんや。設い復人有りて、若しくは罪有り、若しくは罪無きも、杻械枷鎖に其の身を検繋せられんに、観世音菩薩の名を称せば、皆悉く断壊して、即ち解脱することを得ん。若し三千大千国土の中に満つる怨賊あらんに、一の商主有りて、諸の商人を将いて重宝を齎持して、険路を経過せんに、其の中に一人、是の唱言を作さん。「諸の善男子よ、恐怖を得ること勿れ。汝等応当に一心に観世音菩薩の名号を称すべし。是の菩薩は能く無畏を以て衆生に施したもう。汝等若し名を称せば、此の怨賊に於て当に解脱を得べし」と。衆の商人、聞きて倶に声を発して、「南無観世音菩薩」と言わん。其の名を称するが故に、即ち解脱することを得ん。無尽意よ。観世音菩薩摩訶薩は威神の力の巍々たること、是の如し。

*　　*　　*

声にならぬ音声

ある精神科医が、こんなことを言っておられた。

――世間ではよく、「死にたい、死にたいと言っている奴に、死んだ例がない」と言われているようですが、それはまちがいです。自殺する人は、多くの場合、死を選ぶ直前にそれを告げているのです。ただまわりの人が鈍感で、それに気づかないのです。

わたしの乏しい見聞からしても、実際そのとおりだと思う。また、精神病理学や心理学の本を読んでも、そのように書かれている。死を決意した人間は、必死になってサインを送っているのである。

「たすけてほしい」

「わたしを、死魔から救いだしてほしい」

彼または彼女は、心の中でそう叫んでいるのだ。ただそれが、素直な、他人に聞こえる音声にならないだけである。だから、わたしたちは、彼らが笑顔で語ることば――「死んじゃおうかなァ……」――を、冗談だと思ってしまう。そこにこめられた必死の叫び声を、聞き落としてしまうのである。

それから、こんなこともある。そう、恐怖で声もだせないような経験である。夢のなかなどで、そんなことがある。

「たすけてくれ！」

喉（のど）まで出かかったことばが、声にならないのである。声にならない声を叫びながら、逃げまわっている。みじめだ。そして、目が覚めたとき、ぐっしょりと汗にぬれている。

幸いなことに、現実の生活のなかでは、わたしはまだそんな激しい恐怖に襲われたことがない。でも映画などで見るとき、徹底した恐怖に直面した人間は、声も出せないようである。あるいは、逆説的に表現すれば、声にならない声で叫んでいるのである。ともかく、声にならない声があると思う。

そして、観音さまは、わたしたち衆生が発する「声にならない音声」を観じてくださるのだ。だから、〝観音さま〟と呼ばれているのである。

以上が、前章で述べたところの要約である。――苦悩する衆生の声にならぬ音声を観じて、観音さまはわたしたちをその苦悩のうちから救いだしてくださる。『観音経』はそのように断言しているのである。

ところで、では、衆生の苦悩とは何であるか……？　観音さまが、わたしたち衆生をそこから救いだしてくださる、その苦悩・災難とは何であるか……。

それは七難である。すなわち、七つの災難があり、その七つの災難に遭遇したとき、わたしたちが一心に観音さまの名を呼べば、観音さまはたちまちわれわれをその災難から救いだしてくださる――。

『観音経』は、そのように説きすすめているのである。

七つという数

空にかかる虹は何色か？

誰だって、「七色」と答えるはずだ。そう思っていた。赤・橙・黄・緑・青・藍・紫――昔からそう決まっている。百科事典を見ても、そう書いてある。

ところが、ある女性に質問した。

「虹にはいくつの色があるか、知っているでしょう……？」

「さあ、何色だったかしら……。四色？」

わたしはびっくりしてしまった。開いた口がふさがらないとは、あのときのことである。

もっとも、これだけを書けば、たぶんわたしという人間の性格が疑われるのではないか。いったい、なにを物好きで、女性に虹の色を訊いたりするのか……と。じつは、わたしが彼女に教えたかったのは、文化のちがいであった。日本人は虹を七色に見ているが、アメリカ人は同じ虹を五色に見ている。文化がちがえば、ものの見え方だってちがってくるのだ。そういうことを言いたかった。ところが、同じ日本人でありながら、虹を四色に見ている人がいようとは、ほんとうに信じられなかった。

例によって例のごとく、わたしの話はまたしても脱線している。軌道修正をせねばならない。……虹の色は、おおよそ四〇〇～七二〇ミリミクロンの波長の連続的変化である。だから、それをどこで区切ってもよいのである。七つに区切ろうが、十色に分類しようが、四つに分けようが、ある意味で恣意的である。しかし、日本人はそれを七つに分類した。なぜなんだろうか？……というのが、わたしの言いたかったことである。

七つ――というのは、あんがいに理由のある数字らしい。

「……情報処理についての人間の能力に関しては、ミラー（G. A. Miller）がおもしろい見方をしている。彼は、人間が一ぺんにどれくらいの量のものを認知する（その量の一つずつが独立にそこに存在していると認める）ことができるか、ということを考えていって、七つという数字を思いついた。……人間は、約七つずつを認知の一単位の作業量として情報を処理しているのではないかというのが彼の考え方である」（麦島文夫著『目に見えたものはほんものか』日本書籍）。

虹は七色。一週間は七日。ドレミは七音。七福神。なくて七癖。……。七つという数は、おもしろい数である。そして『観音経』は、七難を数えている。

1　火　難
2　水　難
3　風　難
4　刀杖の難
5　鬼　難
6　枷鎖の難
7　怨賊の難

である。わたしたちが観音さまの名を呼べば、観音さまはこれら七難からわたしたちを免れさせてくださるわけだ。それが、この第二章で論じられているところである。

カテゴリーとしての火難

まず最初に、火難である。

《若有持是観世音菩薩名者。設入大火。火不能焼。由是菩薩威神力故。》

「もしこの観世音菩薩の名を持する者あらば、たとい大火に入るとも、火も焼くこと能わず。この菩薩の威神力によるが故に。」

さて、わたしは、先ほどから筆を投げ出して、考え込んでいる。七難の最初の「火難」をどのように解釈すればよいのか、少し自信がなくなってしまったのである。

べつだん、経典の文句がむずかしいわけではない。お経そのものの文句は、やさしすぎるほどやさしい。

「観音さまの名を称える者は――すなわち、〝南無観世音菩薩〟と称える人は、燃え盛る火の中でも絶対に焼けることはない。なぜなら、観音さまのお力が彼に加えられるからである。」

お経は、そんなことを言っているのだ。これくらいのことは、誰にだってわかることだ。しかし、むずかしい。どうにもむずかしい。ほんとうにこれを、文字どおりに、ことばどおりに読んでよいのだろうか。それとも、経典の真意は別にあって、それを象徴的に「火」でもって暗示したのであろうか。たとえば、わたしたちの心のうちに燃え盛っている煩悩を、経典では「火」でもって象徴した――といった工合に受け取るべきか……。

これはむずかしい問題である。

わたしの考えはこうだ。ここのところは、「火に分類される災難」と読むべきであろう。

というのは、観音さまは、あらゆる災難からわれわれ衆生を救い出してくださるのである。そして『観音経』は、そのあらゆる災難を七種に分類した。十種にも、二十種にも分類することができたのであろうが、とりあえず『観音経』はそれを七種に分類したわけである。そして、その分類にしたがって解説しているのである。だとすれば「火難」は、そのあらゆる災難のうちの、「火に分類された災難」をいったものである。

カテゴリー（範疇）としての火難――

そう言えばよいか。もちろん、火そのものの災難もある。火事がそうだろう。アフリカで黄熱病の研究中、これに感染して死亡した細菌学者の野口英世は、赤ん坊のときにいろりで火傷をしたが、あれも火による災難である。

だが、それだけが『観音経』にいう火難ではない。それはカテゴリーであるから、たとえば他人から硫酸をぶっかけられるのも、火難であろう。硫酸は液体だからといって、水難に分類する必要はあるまい。その災難が「火」のイメージにつながるものは、「火難」とすればよいのだ。

職場で、同僚たちから爪弾きにあう。冷たい視線をあびせられる。それは水難に分類できる。

上司から烈火のごとき非難をうける。それは火難である。

誰言うとなき風評によって、いやな気持ちになる。それは風難だ。

わたしはそのように考えている。火難は、火そのものの難を含み、火を象徴とする災難の全体をいったものだ。そう受け取ればいいのではないか……。

火事場の馬鹿力

したがって火難は、わたしたちのこころのうちにある怒り——怒りによる災難のすべてを含んでいる。わたしたちは、カッとなったとき、なにをしでかすかわからない。理性を失い、こころの平静を失った人間の行動は、まるで野獣さながらである。むしゃくしゃするからといって、ガソリンをぶっかけて放火をしたり、衝動的な性欲の故に女性に襲いかかる。怒りや欲望は、火に似ている。

と同時に、火事場にあって理性を失った人間との類似も考えられそうだ。

火事場の馬鹿力——といったことばもある。地震のとき、とっさに枕を持って逃げるという話はよく聞く。現金や貯金通帳を持ち出すのならよくわかるが、枕を持って逃げてもあまり褒められない。しかし、地震や火事場では判断力がなく、無価値な枕を持ち出すらしい。それに、最近ではときに、重いテレビや冷蔵庫を担ぎ出す人がいるそうだ。あの重い冷蔵庫を、一人で軽々と運び出すというから不思議である。

その馬鹿力の原因は、次のように説明されている。

人間の筋肉は、筋繊維と呼ばれる細長い細胞が束になってできている。この筋繊維に、神経を通して脳からの命令が刺戟となって与えられ、それが収縮して起きるのが筋肉の運動である。その筋肉の運動によって、人間は物を持ち上げたり、運んだりできるのだ。

ところで、このような筋繊維は、ひとりの人間の体の中に約六十億ある。けれども、その六十億の筋繊維は、常にはたらいているわけではない。普段は、五〇％から六〇％の筋繊維が活動しているにすぎない。残りのものは、脳からの抑制の命令を受けて、適当に休んでいるわけである。それが、火事場のような非常事態に直面すると、脳からの筋繊維に対する抑制命令が解除され、平常使われていない筋繊維までが収縮をはじめることになる。これが火事場の馬鹿力と呼ばれるものの正体である。

もっとも、体力に関しては、火事場においてはこうした奇蹟的な馬鹿力も発揮できるのだが、一方では、判断力は相当に鈍っている。ある人の話であるが、火事場で一所懸命に消火活動をしていたが、おもしろいことに（?）、彼はバケツに水を汲んで、一杯を汲むごとに水道の蛇口をわざわざ閉めたという。水を出しっぱなしにすべきなのに、ご丁寧にも栓（せん）を閉めたり開けたりしていたのだ。それを聞いたとき、わたしは失礼にも笑ってしまったが、ほんとうは笑ってはいけないのである。わたし自身がそんな場に出くわせば、きっと同じく馬鹿げた行動をするはずである。

火事場では、健全な理性や判断力が失われてしまう。そうすると、人間はなにをしでかすかわからぬのだ。そういう災難が、すべて「火に分類される災難」であろう。

観音さまは、そうした災難からわれわれを救ってくださるのである。救っていただくためには、

「南無観世音菩薩」

と、一心に称えるとよい。その声に、観音さまが応えてくださる。

溺れたらあきらめろ

次は水難である。水難については、わたしは「あきらめ」ということを語っておきたい。しかし、その前に、まず『観音経』の本文を読んでおこう。

《若為大水所漂。称其名号。即得浅処。》

〔もし大水のために漂わされんに、その名号を称えれば、すなわち浅き処を得ん。〕

「その名号を称えれば」という名号は、もちろん「南無観世音菩薩」である。観音さまの名を呼べ、そうすれば水に溺れかけても、たちまちにして助かるというわけである。

船乗りの人から教わったが、海で遭難したときは、泳いでは駄目だそうだ。泳げる人は、「ともかくも……」と思って、がむしゃらに泳ぎはじめ、たいていが力尽きて海の藻屑と

なるという。船が転覆するような嵐の海である。プールで泳ぐのと、わけがちがう。いくら水泳に自信があっても、どだい泳げるものではないそうだ。それに、海は広い。所詮(しょせん)、島まで泳ぎつけるはずがないのである。

それよりは、浮木(うき)にでもつかまって、じっと救助を待っているほうがよい。そのほうが、助かる率は高いそうだ。船に乗っている人が、そう教えてくれた。

そうだとすれば、「南無観世音菩薩」の称名が、たしかに奇蹟をもたらしてくれるのである。『観音経』の言うとおりではないか。

そして、――。

浮木につかまって水に漂いながら、彼が「南無観世音菩薩、なむかんぜおんぼさ」と称名している、そのときの心境はあきらめでなければならない――と、わたしは思うのだ。

あきらめということばは、現代ではあまりいい意味に使われていない。じたばたしたって駄目なんだから、もういい加減に観念せよ……といったのが、あきらめの世間的な解釈である。けれども、じつをいえば、この語は本来は仏教語なのである。

仏教語としての〝あきらめ〟は、〝諦め〟と書く。ところでこの〝諦(たい)〟は、もとはサンスクリット語の、〝サトヤ（satya）〟を訳したもので、「真実にして明らかなこと」「真理」の意味である。それが後に転化して、「あきらめ」となったものだ。

なぜか、……。たとえば、子どもが死ぬというような悲しみに直面したとき、しかしいくら嘆いたところで死んだ子が生きかえる術はないのだ。だとすれば、わたしたちはその親に、こう忠告すべきであろう。「真理を明らかにしなさい」と。「明らかにする」は「明からめる」であり、「明からめる」は「あきらめる」である。そこで「あきらめる」がある。いつまでもくよくよ泣いていずに、もっと積極的に生きねばならない。それがわかるのが、あきらめることである。

嵐の海で、所詮、人間の力でもっては、泳いで助かることはできないとあきらめる（明らめる）のが、あきらめである。

そうあきらめたとき、わたしたちは「南無観世音菩薩」と称名できるのだ。その称名によって、わたしたちは救われるのだ。かりに、救助が間に合わなかったとしても、わたしたちはもがきつつ、苦しみつつ死ぬのではなく、観音さまの名を称えながら、安らかに死んで行けるはずである。それが救いであり、そうした救いも救いでなければならない。それがあきらめの教えである。

そうだとすれば、水難は文字どおりの水の災難ばかりでない。たとえば、夜の街を歩いていて、暴力団かやくざにインネンをつけられたとき、それを水難と受け取ればよい。ちょっと喧嘩の強い人だと、ついむらむらと闘志を燃えあがらせて、チンピラどもに向かって行きかねない。でも、嵐の海と同じで、それで勝てるとはかぎらぬのである。むしろ、じっと殴られているほうがよいのかもしれない。あきらめて殴られるのも、水難からの脱

出法だ。殴られながら、
「南無観世音菩薩」
と称名をつづけていよう。そうすれば、必ず観音さまが救ってくださる。

暴力が加えられたら

暴力――については、あとで触れる機会もあるかと思う。たとえば、刀杖の難・鬼難・怨賊の難のところで解説したほうがよいのかもしれない。しかし、いまふと頭に浮かんだことがあるので、ここで書いておく。

わたしは子どもに、剣道などを習わせようとは思わない。剣道というものは、人殺しの技術ではないか。暴力である。そして仏教は、いっさいの暴力を否定している。不殺生戒というのは、非暴力の戒めである。殺しさえしなければ、殴ってもかまわないということではないだろう。わたしは仏教徒として生きたいので、わが子にはそんな人殺しの技術――暴力の技術を学んでほしくないのだ。

最近、中学校や高校で校内暴力ということが言われている。わたしは、校内暴力が蔓延するのは当然だと思っている。なぜなら、中学生に体育の時間に、剣道や柔道などを教えているからだ。文部省（初版発行当時）が生徒に暴力を教え、すすめているのだから、生徒が暴力をふるうのは当然である。暴力をふるってはならない——と言いたいのであれば、剣道や柔道・空手（からて）などを「悪」と教えるべきである。

　しかし、わが身を守ることも必要である。柔道や空手は、ほんらいは防禦（ぼうぎょ）の技術である。そう主張される人もおられよう。けれども、仏教においては、そうした考えは是（ぜ）とされない。仏教では、たとい防禦のためであっても、暴力は否定されているのである。わが身を守る——ということは、この肉体に固執した考えである。肉体への執着である。それは、金銭への執着と、基本的には同じものである。身を守る——なんてことを考えていると、つい攻撃的になる。暴力的な思考が身についてしまうのである。

　身を守るなんてことは考えるな！　わたしは息子にそう教えている。では、悪い人がいて、ぼくが殺されかかってもいいのか⁉　そう息子は反問するかもしれない。いや、そんな反問の出てくる前に、わたしは息子に言っている。暴力に遭遇したときは、どんなに格好がわるくてもかまわないから、

「すみません。許してください。殴らないでください。殺さないでください」

と、泣いてあやまれ——と。土下座して、這（は）いつくばって懇願するのだ。そして、心のうちで、お念仏を称えていよと、わたしは教えている。わたしの家は浄土宗なので、お念仏を称えよと言うのだ。もちろん、お念仏でなくてもよい。

「南無観世音菩薩！」

「南無妙法蓮華経！」

でもよいのだ。それでも相手が殴ってくるのなら、仕方がない。お念仏を称えながら殴られていればよい。それがほんとうの勇気なのだ、とわたしは思っている。

お念仏とお題目

もう一つ、ついでに言っておく——。

わたしはいま、お念仏を称えると言った。そして、お念仏でなくともよい、お題目でもいいのだと述べた。そこで、お念仏とお題目のちがいについて触れておく。

お念仏というのは、「南無阿弥陀仏」である。〝南無〟というのは、インドのサンスクリット語（梵語）の〝ナマス〟を音写したことばで、「帰依する」「帰命する」といった意味である。阿弥陀仏は西方・極楽浄土の教主である。「阿弥陀仏に帰依します」という表白のことばが、「南無阿弥陀仏」である。これは、「仏」に帰依するのである。

禅宗の人は、阿弥陀仏よりも釈迦牟尼仏を信じている。だから、禅宗の人たちは、ふつうには「南無釈迦牟尼仏」と称えられるようである。これも「仏」に帰依することばである。

お題目というのは、主として日蓮宗の人たちが唱える「南無妙法蓮華経」である。これは、『妙法蓮華経』に帰依します」の意味である。『妙法蓮華経』は、つまり『法華経』である。それは釈尊の教えられた「法」である。したがって、これは「法」に帰依することばである。

仏教では、「仏法僧の三宝」という。

「南無阿弥陀仏」は、三宝のうちの仏宝に帰依したことばである。

「南無妙法蓮華経」は、三宝のうちの法宝に帰依したことばである。

では、三宝のうちの僧宝（すなわち、仏教教団）に帰依することを表明したことばはなにか……？　それが、「南無観世音菩薩」である。そんなふうなことを、あの『往生要集』を書いた恵心僧都源信（えしんそうずげんしん）が言っている。なかなかおもしろい考え方だと思う。

なお、「となえる」という漢字に、〝称〟と〝唱〟がある。〝称〟のほうは「声に出して言うこと」とあり、〝唱〟のほうは「大きな声で言うこと」とある（武部良明『漢字の用法』）。どちらかといえば、お念仏は称えるほうで、お題目は唱えるほうであろう。「南無観世音菩薩」のほうは、『観音経』に「一心称名」と書かれているのだから、〝称〟であろう。いちおう、そう区別しておく。

一人によって万人が……

さて、次は風難である。風難については、『観音経』は次のように述べている。

《若有百千万億衆生。為求金銀。瑠璃。硨磲。碼碯。珊瑚。琥珀。真珠等宝。入於大海。仮使黒風。吹其船舫。飄堕羅刹鬼国。其中若有乃至一人。称観世音菩薩名者。是諸人等。皆得解脱羅刹之難。以是因縁。名観世音。》

〔もし百千万億の衆生ありて、金銀、瑠璃、硨磲、碼碯、珊瑚、琥珀、真珠等の宝を求めんがために大海に入らんに、たとい黒風その船舫を吹いて、羅刹鬼国に飄い堕さんに、その中にもし乃至一人にも、観世音菩薩の名を称する者あらば、この諸人等、皆羅刹の難を解脱することを得ん。この因縁をもって、〝観世音〟と名づく。〕

これはたぶん、海の貿易に従事している商人のことであろう。金銀・瑠璃（七宝の一つ。青色の宝石）・硨磲（インド産の貝。殻は白色で、表に波型の紋があり、七宝の一つとして装飾に用いる）・碼碯・珊瑚・琥珀・真珠などを求めて航海に出る。だが、黒風によって船は流されるのだ。黒風とは、砂塵を捲きあげて、日光をおおう旋風とある。「黒風白雨」といったことばもあるらしい。海上で砂塵はおかしいけれども、これはもののたとえで、黒風は嵐であろう。この黒風による災難だから、これは風難である。しかし、船は羅刹鬼国に流されるのだから、これを「羅刹の難」「鬼難」ということもできる。『観音経』は、事実これを「羅刹之難」と呼んでいる。しかし、「鬼難」はまた別に出てくる。紛らわしいので、伝統的にそう呼ばれてきたように、あっさりと「風難」にしておこう。

さて、その風難にあったとき、船中に一人でも「南無観世音菩薩」と称える者がいれば、ただちに観音さまは全員を救ってくださるのだ。そういう菩薩だから、〝観世音〟と呼ばれるのである。それが『観音経』で言われていることである。

ここのところは、ちょっとおもしろい。

観音さまを念称する人は、一人でもいいわけだ。全員が声を一つにして、観音さまのたすけを求めればなおいいのだろうが、必ずしも全員でなくともよい。あなた一人だけで充分なのだ。そこのところがおもしろいと思う。

そして、全員がたすけていただけるのだ。「南無観世音菩薩」を称えた人だけがたすかるのではない。

ところが、人間というものは、欲があって、自己本位な考え方をするものである。俺が称えた「南無観世音」であるから、俺だけがたすかるべきだ。俺の称名で他人がたすかるのはけしからぬ、と考えはじめる。そんな利己意識があると、結局は称名ができなくなるのだが、悲しいことに人間はそう考えてしまうのである。

たぶん、会社が倒産するときもそうだろう。社長は、俺の心労によって、のほほんとしている社員、月給泥棒のような社員までがたすかるのは、どうも不合理だと考える。そんな考えがでてくると、結局は経営危機がのり超えられないはずだ。全員を救ってくださいという願いがあってこそ、ほんとうの「南無観世音」になるのである。さりげなく書かれている『観音経』の、

《……是諸人等。皆得解脱羅刹之難。》

〔……この諸人等、皆羅刹の難を解脱することを得ん。〕

といったことばも、そういうふうに読めば、なかなか暗示的だと思われないか……。

日蓮聖人の奇蹟

七難のうちの最初の三難の解説に、だいぶスペースをとってしまった。しかし、最初の部分を丁寧に読んで、その考え方に慣れてしまえば、あとはスムースに読めるはずである。そんな読み方のほうが、つまり能率的である。

七難の第四は、「刀杖の難」である。

《若復有人。臨当被害。称観世音菩薩名者。彼所執刀杖。尋段段壊。而得解脱。》
〔もしまた人ありて、まさに害せらるるに臨んで、観世音菩薩の名を称せば、彼の執るところの刀杖は、尋いで段々に壊れて、解脱することを得ん。〕

この「刀杖の難」については、やはりわれわれは日蓮聖人のことを語っておくべきであろう。

日蓮聖人は念仏謗法のために、竜ノ口の刑場において斬られかけた。しかし、依智三郎直重が刀を振り上げたとき、海より煌々たる光が直重の目を射て、彼はついに日蓮聖人を斬ることができなかったという。『法華経』の行者であった日蓮聖人に起きた奇蹟の話である。

最近では、この日蓮聖人の奇蹟の伝説を否定する学者が多い。僧侶の神聖性は当時にあっても絶対であり、したがって鎌倉幕府権力が出家者の首を刎ねるようなことをするとは考えられない、というのがその理由である。あるいは、そうかもしれない。

しかし、文字どおりの意味での「刀が折れる」という史実はなかったにせよ、それに類する奇蹟があったことは、充分に考えられるのである。なによりも、日蓮聖人その人が、自分は『法華経』(『観音経』)に護られていると信じておられた事実がある。それが奇蹟であり、それこそが奇蹟なのだ。そのように読めば、竜ノ口の奇蹟は『観音経』の大きな奇蹟となる。奇蹟を否定することだけが、なにも現代的ではないのである——。

鬼の難

つぎは「鬼難」である。

《若三千大千国土。満中夜叉羅刹。欲来悩人。聞其称観世音菩薩名者。是諸悪鬼。尚不能以。悪眼視之。況復加害。》

〔もし三千大千国土の中に満つる夜叉・羅刹来りて人を悩まさんと欲せんに、その観世音菩薩の名を称する者を聞かば、この諸の悪鬼も、なお悪眼をもってこれを視ること能わず、いわんやまた害を加えんや。〕

ちょっと、ことばの解説が必要なようだ。

まず、〝三千大千国土〟である。これはまた、〝三千世界〟ともいう。わりあいに有名なことばである。そういえば、幕末の志士・高杉晋作がつくったとされる唄に、

「三千世界の烏を殺し
　主と朝寝がしてみたい」

というのがあった。粋（いき）な唄である。

ところで、〝三千世界〟は、ふつうにいう「千の三倍」のことではない。仏教語では、これは「千の三乗」になるのである。

古代インド人は、われわれの住むこの世界の中央に、須弥山（しゅみせん）というものすごく高い山があると想像した。この須弥山を中心に四大洲があり、その大洲の一つにわれわれ人間が住んでいる。この須弥山を中心にした世界が一つの小世界である。そして、この小世界が千集まると小千世界ができあがる。さらに、小千世界が千集まると、中千世界になり、中千世界が千集まって大千世界ができあがる。

この大千世界は、千を三回集めたわけであるから、〝三千大千世界〟または〝三千世界〟というのである。つまり、千の三乗の意だ。十億になる。〝三千大千国土〟とは、そんな拡がりをもった国である。そして、この三千大千世界が、一仏の教化する範囲なのである。阿弥陀仏にしろ薬師仏にしろ、それぞれの仏は、三千大千世界を担当しておられるわけである。

つぎに、〝夜叉（やしゃ）〟と〝羅刹（らせつ）〟がある。

〝夜叉〟も〝羅刹〟も、ともに悪鬼であることはまちがいない。けれども、両者の区別はそれほど明白ではない。区別できぬものを、無理に区別しないでもよいのかもしれない。しかし、それでは困るというへそ曲がりの人のためには、次のように区別するのも一法であるとしておこう。

夜叉……暴力をふるう悪鬼。

羅刹……人間を殺し、その肉を食う悪鬼。

いずれにせよ、この世の中には鬼がいっぱいいるのだ。観音さまは、わたしたちをその鬼の難から救ってくださる。ありがたいことだ。

もっとも鬼を、もっと内面的なものに解することもできるかもしれない。「わが心にぞ鬼は棲む」というわけだが、ここの七難はわりと外面的な災難を述べているから、すんなりと悪鬼——鬼のような悪人たちと受け取っておこう。内面的な鬼にしなければ、この世には鬼がいない、というわけではありませんよね。ほれ、いっぱい鬼がいるではありませんか……。善良な市民に襲いかかる暴力団ややくざたち。それに、みずからの脱税は見のがしておいて、サラリーマンから血税を絞りとる政治家連中も、鬼ですよね……。

●有罪も無罪も……

つぎにすすむ——。

《設復有人。若有罪。若無罪。杻械枷鎖。検繋其身。称観世音菩薩名者。皆悉断壊。

即得解脱。》

「たといまた人ありて、もしくは罪あり、もしくは罪なきも、杻械枷鎖にその身を検繋せられんに、観世音菩薩の名を称せば、皆悉く断壊して、すなわち解脱することを得ん。」

杻械枷鎖――とは、要するに罪人の自由を奪う刑具である。〝杻〟は「てかせ」、〝械〟は「あしかせ」、〝枷〟は「くびかせ」、そして〝鎖〟は身につらなる「くさり」であるという。そんな刑具も、観音さまの名を称えれば、たちまちにして壊れてしまうのである。

注意していただきたいのは、《若有罪。若無罪。》のことばである。これを読んで、

「無罪の者が救われるのは当然だが、有罪の人間までが救われるのはおかしい……」

と、呟く人がおられるかもしれない。けれども、そう思う人は、仏の慈悲、観音さまの慈悲が、普く一切衆生に及ぶものであることをわかっておられないのだ。

観音さまが救われるのは、その人が善人だから……ではない。仏や観音さまの慈悲は、善悪を超越して一切衆生に及ぶ。わたしたちが相対的な善悪にこだわっているかぎり、仏の慈悲はわからなくなる。だからこそ、親鸞聖人は『歎異抄』のなかで語られたのだ。

「善人なをもて往生をとぐ、いはんや悪人をや」

と。

善人が極楽往生できるのだから、ましてや悪人が往生できるのは明々白々のこと——。親鸞聖人はそう断言されたのだ。そんなパラドクシカルな（逆説的な）表現でもって、阿弥陀仏の慈悲が善人・悪人を超越してすべての衆生に及ぶものであることを言われたのである。

ましてや、『観音経』に書かれているのは、「罪人」である。

罪人というのは、政治権力が勝手につくりだしたものである。時代がちがえば、国がちがえば、罪の基準も変わってくる。早い話が、アメリカ・イギリスで堂々と発売されているポルノ類が、日本では禁じられ、それを売ったということで罪になる。同じ電車の運転手でありながら、国鉄（初版発刊当時）の運転手だけがストをできず、やれば罪になるというおかしな世の中だ。そんな世の中のまちまちな基準に、観音さまがつきあう義理はないのだ。お前は日本人やから救うことはでけへん、イギリス人やったら無罪やから救うてやる……と、観音さまが言われるだろうか……⁉

だから、わたしたちだって、無罪・有罪にこだわることはないのだ。それともなんですか……あなたは有罪の人間は救ってやる必要はないと言われるのですか？　あなたがそう考えておられるとしたら、あなたは決して仏教者にはなれない。あなたにふさわしい生き方は、修羅（しゅら）である。修羅というのは、狭量な正義にこだわって、他人を徹底的に痛めつけないと安心できない存在である。一種の鬼である。

《若有罪。若無罪。》

〔もしくは罪あり、もしくは罪なきも……。〕

それがわかったとき、『観音経』の真意が理解できるのだ。

第七の難——怨賊の難

七難の最後は「怨賊の難」である。

《若三千大千国土。満中怨賊。有一商主。将諸商人。齎持重宝。経過険路。其中一人。作是唱言。諸善男子。勿得恐怖。汝等応当。一心称観世音菩薩名号。是菩薩。能以無畏。施於衆生。汝等若称名者。於此怨賊。当得解脱。衆商人聞。倶発声言。南無観世音菩薩。称其名故。即得解脱。》

〔もし三千大千国土の中に満つる怨賊あらんに、一の商主ありて、諸の商人を将いて重宝を齎持して、険路を経過せんに、その中に一人、この唱言を作さん。「諸の善男子よ、恐怖を得ることなかれ。汝らまさに一心に観世音菩薩の名号を称すべし。

この菩薩はよく無畏をもって衆生に施したもう。汝らもし名を称せば、この怨賊においてまさに解脱を得べし。」と。衆の商人、聞きて倶に声を発して、「南無観世音菩薩」と言わん。その名を称するが故に、すなわち解脱することを得ん。」

風難のところでは、船中の誰か一人が「南無観世音菩薩」を称して、全員が救われた。状況は似ているが、ここでは一人の人間の提言によって、全員が称名するのだ。その点で、少しくちがっている。

なるほど、考えてみれば、相手は盗賊である。盗賊の難から免れるには、やはり全員の協力、和が必要である。称名はその和をもたらしてくれる。

なに気なく書かれているようであるが、よく考えられているのだ。『観音経』（『法華経』）は、文学としてもすぐれている。

七難は以上のとおりである。そして、『観音経』は、次のようにまとめのことばを加えている。

《無尽意。観世音菩薩摩訶薩。威神之力。巍巍如是。》
〔無尽意よ、観世音菩薩摩訶薩は威神の力の巍々たること、かくのごとし。〕

「無尽意よ……」と、呼びかけられたのはお釈迦さまである。『観音経』は、「なぜ観音さまには〝観音〟という名があるのですか？」といった無尽意菩薩の問いに応えて、釈尊すなわちお釈迦さまが説かれたものである。釈尊は、観音さまを称名すれば、われわれは七つの災難から逃がれることができると説かれたあと、そこでちょっと一段落して、

「無尽意よ……」

と、呼びかけられたのである。

「あのね、観世音菩薩の威力・神力のすばらしさは、このように巍々（ぎぎ）たるものなんだよ」

巍々たる……という語は、山の高く聳（そび）えるさまをいう。山のごとくに高く大きな力をもっておられるのが、われらの観音さまである。「菩薩摩訶薩（まかさつ）」とあるが、〝摩訶〟はサンスクリット語（梵語）の〝マハー〟の音写語で、「大」の意味である。したがって、〝摩訶（菩）薩〟とは、「大菩薩」のこと。観音さまを尊崇（そんすう）して、そう呼んだわけだ。

七つの難からわれら衆生を救ってくださる大菩薩――。それが観音さまである。しかし、観音さまの力はそれだけではない。『観音経』は、まだまだつづけて観音さまの力を書き綴っている。章を改めて、読んで行こう……。

わが心のうちなる三毒

若し衆生有りて、婬欲多からんに、常に念じて観世音菩薩を恭敬せば、便ち欲を離るることを得ん。若し瞋恚多からんに、常に念じて観世音菩薩を恭敬せば、便ち瞋りを離るることを得ん。若し愚癡多からんに、常に念じて観世音菩薩を恭敬せば、便ち癡を離るることを得ん。無尽意よ、観世音菩薩は是の如き等の大威神力有りて、饒益する所多し。是の故に衆生、常に応に心に念ずべし。

＊　　＊　　＊

わが心のうちなる仏と鬼

「わが心にぞ、鬼は棲む――」

前章でわたしは、ちょっとそのことを言いかけた。しかし前章は、わたしたちがこの人生において遭遇する外面的・物理的な災難について述べたものである。内面的・心理的な問題は、この章でのテーマだ。

ところで、「わが心にぞ、鬼は棲む――」であるが、たしかにこのことばは真実であるが、しかしこれはことがらの半分しか言っていないのだ。あとの半分を言うためには、われわれは大急ぎでこう言わねばならない。

「わが心にぞ、仏は棲む」——

と。それを付け加えてこそ、ことばは真実になる。

わたしの言いたいことをわかってもらうために、ここで狂言『月見座頭』を語ればよいかもしれない。あの狂言は滑稽な演出の裏に、わたしたちを「どきり！」とさせるものが含まれている。

下京（京都南部）に住む盲人が、八月十五夜の月を見て楽しんでいる。そこに上京の者がやってくる。目が不自由にもかかわらず、月見をされているとは風流なこと……と、上京の者は盲人を持ち上げ、酒をすすめて持て成す。二人は肝胆相照らして語り合った。

そして、二人は別れる。

が、別れた直後に、上京の男が悪戯ごころを起こしたのだ。

男は別人になりすまし、作り声でもって盲人を罵倒し、つきとばし、散々な目に合わせる。

そこで、盲人が呟く。

「アァ、思えば、思えば、今のやつは最前の人に引き代え、情もないやつでござる。世には、非道な者もあるものじゃさて」

観客は知っているのだが、盲人が比較する非道な者と最前の男とは、まったくの同一人物である。どうして同一人物が、こうも早く変われるかと思うほど、わたしたちの心は移りやすいのだ。狂言はそのことを表現しようとしているわけだ。

心変り、心が移ろいやすい——と言うよりは、むしろわたしたちの心の中に、仏と鬼が同居していると言ったほうがよいのかもしれない。いや、仏と鬼だけではない。わが心のうちには、修羅(しゅら)が棲(す)み、野獣が棲み、蛇が棲み、そして嬉しいことに菩薩も棲んでいる。

それが人間なんだ。

だから人間は、まったくびっくりするほど行動がデタラメである。善人が悪いことをし、悪人が善いことをする。そのたびに、わたしたちは、

「あの人が……?」

と感想を洩らすのだが、なに、善人も悪人もいないのだ。たまたま、わたしたちの心の中に棲む仏が動き、悪鬼が動いただけのこと。そして、それが人間のありようなのだ……。

三毒の第一——むさぼり

さて、仏教では、わが心のうちにある鬼を「煩悩(ぼんのう)」と呼ぶ。煩悩とは妄念(もうねん)であり、心をかき乱すものだ。煩悩のうちでも、とりわけ基本的な三つは「三毒」と呼ばれる。善根に害毒を与えるから、「毒」と呼ばれるわけである。

三毒とは——

1　貪欲……むさぼり。
2　瞋恚……いかり。
3　愚癡……おろかさ。

である。わたしたちの心のなかで、このような三毒が鎌首をもちあげてきたとき、いったいわれわれはどうすればよいか……？　そのときは、「南無観世音菩薩」と称名すればよいのだ。『観音経』はそう教えてくれている。

まず、「貪欲」から……。

《若有衆生。多於婬欲。常念恭敬。観世音菩薩。便得離欲。》

〔もし衆生ありて、婬欲多からんに、常に念じて観世音菩薩を恭敬せば、すなわち欲を離るることを得ん。〕

貪・瞋・癡の三毒という。ふつうには「貪欲」を三毒の第一に挙げるのだが、『観音経』は「婬欲」を説いている。婬欲とは、セックス的な欲望である。いわゆる「食い気と色気と眠気」のうちの「色気」である。貪欲と婬欲では、ちょっとあり方がちがうようにも思えるが、しかし両者ともに欲望であることはまちがいないのだから、同じにして論じてもよいのだろう。欲望が強くなりすぎたら、観音さまを念じよ、というのである。そうすると、わたしたちは欲望を離れることができるのだ。そう『観音経』は教えてくれている。

では、なぜ、「南無観世音菩薩」と称名することによって、貪欲なり婬欲なりを離れることができるのか……？　それはたぶん、称名がわたしたちの心のこわばりをほぐしてくれるからではなかろうか。欲望につっぱった心も、ほんの一瞬でも緊張がゆるめば、あんがいに冷静になれるものだ。称名はそんな鎮静の役割をしてくれるのかもしれない。

しかし、そんな分析はどうだっていいのである。わたしたちは、欲望の火が燃え盛るときには、お経を信じて称名すればいいのだ。お経は釈尊の教えだから、嘘ではない。わたしたちは、それを信じるだけでいいのである。よけいな穿鑿（せんさく）は、かえって信仰を歪（ゆが）めてしまう——。

春画と称名

怒りのこころが生じたときも、静かに観音さまを念じよ！　『観音経』はそう教えている。三毒の第二は、瞋恚（しんに）——すなわち、怒りである。

《若多瞋恚。常念恭敬。観世音菩薩。便得離瞋。》

「もし瞋恚多からんに、常に念じて観世音菩薩を恭敬せば、すなわち瞋りを離るることを得ん。」

〝笑絵〟といえば、春画（ポルノグラフィー）のことである。なぜ〝笑絵〟というかといえば、「心がなごむ」という意味で〝和楽絵〟と呼ばれていたのが、その語音からの連想で、〝笑絵〟となったそうだ。

ところで、この笑絵には、江戸時代の武士にとっては別の効用があったらしい。「春画を武器の入れ物などに入れておくと、腹を立てることがあって、その武器をとり出そうとしたとき、それをいやでもみることになる。すると、つい関心が移って、人を傷つけようなどという気持ちは消えうせてしまう」（樋口清之著『性と日本人』講談社）

関心が春画に移る――というよりも、張りつめていた怒りの感情が、一瞬ほぐれるのだと思う。「おやっ……!?」という気持ちがはいると、緊張がプツリと切れる。それでもおさまらずに、再び怒りに心が燃え盛ることもあるだろうが、しかし少なからざる怒りがそれで鎮まったはずである。それが春画の効用である。ほんの一瞬でもいいから、心を外にそらすのである。それが怒りを鎮める最上の方策である。

しかし、わたしたちは、いつも春画を持ち歩くことはできない。そんなことをすれば、誤解されてしまうだけだ。

でも、なにも春画など持ち歩くことはない。

春画などより、はるかに効用のあるものがある。しかも、いつでも持ち歩くことができるものだ。

それは、「南無観世音菩薩」の称名である。わたしたちの心に怒りが生じたら、わたしたちはその称名をとりだして、一心に称えればよい。そうすると、必ず怒りは鎮まるであろう。称名には、そんな力があるのである。

七人の侍の話

もう一つある。三毒の最後は、愚癡(ぐち)——おろかさである。

《若多愚癡(にゃくたぐち)。常念恭敬(じょうねんくぎょう)。観世音菩薩(かんぜおんぼさ)。便得離癡(べんとくりち)。》

［もし愚癡(ぐち)多からんに、常に念じて観世音菩薩を恭敬(くぎょう)せば、すなわち癡(ち)を離るることを得ん。］

愚かであるということは、必ずしも知識・教養がなく、智慧のないことではない。世間的な意味では充分に教育を受けた人間が、人生の諸事に迷い、挫折をする。愚かな行動をしてしまうのだ。それは、なぜか……？

やはり、なにかが欠けているとしか言いようがない。

その欠けているものはなにか？　おそらくそれは、「観る」ということなのであろう。どうやらわたしたちは、ものごとを一方的、自分本位にしか「観」ていないようである。

こんな話がある——。

七人の侍が砦の中に立て籠っている。彼らは決死の覚悟である。捕り方につかまれば、七人とも必ず死罪になるのだ。それがわかっているから、彼らは一致団結して戦っている。それで、捕り方も容易なことでは近づけないでいる。

そのとき、捕り方のほうの侍の一人が、大声で叫んだ。

「お前たちのうちの一人は助けてやると、主君の思し召しがあるのだゾ」

そう叫んでおいてから、捕り方は皆で砦に斬り込んで行った。するとどうだろう。今度は七人の侍の抵抗が少ないのだ。わりとすんなりと、全員が捕縄についたという。

わからぬでもない話である。

誰か一人が助かる——と言われれば、七人の全員が、それは自分であると思ったわけだ。つまりは、それほどに人間は自己本位なのだ。エゴセントリック（自己中心主義）である。

要するにわれわれは、ものごとをあるがままに見ることができないのだ。それほどに、人間は愚かである。

あるがままに見る

仏教では、「如実知見」という。あるがまま（如実）にものごとを知り、見ることである。それができれば、われわれは悟りを開いたことになるのだ。したがって、それができるように、わたしたちは修行せねばならない。

しかし、ものごとをあるがままに見る（如実知見）ということは、簡単なようでむずかしい。わが子が泣き叫べば、母親はその原因をあれこれ心配する。お腹がすいたのかしら……、おむつになにか刺でもついているのかしら……。しかし、それが他人の子であれば、そんな心配の仕方はしないものだ。あの子は、きっとヒステリー性なんだワ……。そんなふうに思うだけだ。それで済ませてしまう。

いや、自分の子だって、ときに母親も邪慳な眼で眺めることがあるはずだ。お母さんはいま疲れているのよ、少しはおとなしくしてくれないかしら……。父親なんて、もっとひどい。その点では、わたしにも体験がある。こちらの気分次第で、子どもを見る眼がちがってくるのだ。

子どものおむつであれば、むしろ喜んで取り替えてやる母親が、同居している姑のおむつとなれば、そうはいかない。しぶしぶ、いやいや、というのが一般であろう。同じおむつであっても、それだけちがうのだ。事物をそのあるがままに見ることなど、所詮は凡夫に不可能かもしれない。

そこで、観音さまの別名を思い出していただきたい。

すでに第一章で述べておいたが（四四頁参照）、観音さまの正式の名前は、

〝観世音菩薩〟……『観音経』（すなわち『法華経』）での呼称。

〝観自在菩薩〟……『般若心経』での呼称。

と、二つあった。そして、〝観自在菩薩〟といった名称の真意は、「ものごとを自由自在に観ることのできる菩薩」、換言すれば「事物をありのままに観ることのできる菩薩」である。つまり、「如実知見」なのである。

では、なぜ、観自在菩薩は事物をありのままに観ることがおできになるのであろうか……？『般若心経』では、その秘密を「空」ということばでもって説明している。観自在菩薩は「空」の立場に立って事物を眺めておられるから、ありのままに観ることができるのだ、というわけである。

「空」というのは、こだわりのないことである。わたしはそう思っている。わが子、他人の子――といったこだわりなしに、すべての子どもを自由に眺められるようになれば、生きとし生ける一切の子どもが、みんなそのままで可愛いほとけの子である。そのような眺

め方ができるのが、「空」の立場である。わたしたち凡人には、なかなかそれができないが、「空」の立場を身につけられた観音さまには、それがおできになる。だからこそ、観音さまは〝観自在〟のほとけさまなのだ。

わたしたちが迷いに陥ったとき。わたしたちは観音さまを憶念すればよい。わたしたちは凡夫だから、とても事物をあるがままに眺めることなどできないが、観音さまはあの澄んだ眼で、事物をありのままに見ておられるのだ。わたしたちがいま苦しんでいるこの問題は、いったいあの観音さまの眼にはどのように映じているかしら……。そんなことを考えてみるようにすればよい。それが、『観音経』の言っている、

《若多愚癡。常念恭敬。観世音菩薩。便得離癡。》

「もし愚癡多からんに、常に念じて観世音菩薩を恭敬せば、すなわち癡を離るることを得ん。」

の意味である。愚かな凡夫でも、観音さまを念ずることによって、迷いを離れることができるのだ。そのように『観音経』は教えてくれているのである。

●常にまさに心に念ずべし

以上で、貪（むさぼり）・瞋（いかり）・癡（おろかさ）の三毒についての解説は終わった。『観音経』はそのあとに、以上のまとめとして次のことばを記している。「無尽意よ……」という呼びかけは、第二章の終り（八一頁）にあったと同様、釈尊（お釈迦さま）が説法の相手の無尽意菩薩に語りかけられたものである。

《無尽意。観世音菩薩。有如是等。大威神力。多所饒益。是故衆生。常応心念。》

〔無尽意よ、観世音菩薩は、かくのごとき等の大威神力ありて、饒益するところ多し。この故に衆生、常にまさに心に念ずべし。〕

「無尽意菩薩よ、このように観世音菩薩の力はすぐれたものであり、饒益（他人に利益を与えること）するところが大きい。だから、衆生は常に観世音菩薩を一心に念ずべきなのです」

釈尊はそう語っておられるのである。それが、『観音経』の三毒段の結語である。

性を超越した存在

若し女人有りて、設し男を求めんと欲して、観世音菩薩を礼拝し供養せば、便ち福徳、智慧の男を生まん。設し女を求めんと欲すれば、便ち端正有相の女にして、宿、徳本を植えしによりて衆人に愛敬せらるるを生まん。無尽意よ、観世音菩薩は是の如き力有り。若し衆生有りて、観世音菩薩を恭敬し礼拝せば、福は唐捐からざるなり。是の故に衆生は、皆応に観世音菩薩の名号を受持すべし。

＊　　＊　　＊

男子か女子か……

クイズを出題しよう。

問題……観音さまは、男か、女か？

a　もちろん、男である。なぜって、ほとけさまは皆、男であるにきまっているのだから……。常識だよ。

b　女である。仏像を見ればわかるではないか。観音さまは、やさしいお顔をしていられる。それに、ふるいつきたいような肉体美の観音像もある。あれが女でないと言うほうがおかしいよ。

c　男でも女でもない。しいて言えば、中性かな……。それよりも、性を超越している存在と言ったほうがよいだろう。

さて、読者は、どの解答を選ばれますか？

読者にクイズを考えていただいているあいだに、なぜ、突然こんなところでクイズを出題したか、その理由を明かしておく、いや、じつをいえばその理由は、この章で読もうと思っている『観音経』の本文に、男か女かといったことが論じられているからなのだが、いっそのこと先に『観音経』の本文を読んでおこう。そのあとでゆっくり、クイズを楽しむことにする。

この章の『観音経』の本文はよくまとまっているから、全文を一気に解説できそうだ。

《若有女人。設欲求男。礼拝供養。観世音菩薩。便生福徳智慧之男。設欲求女。便生端正有相之女。宿植徳本。衆人愛敬。無尽意。観世音菩薩。有如是力。若有衆生。恭敬礼拝。観世音菩薩。福不唐捐。是故衆生。皆応受持。観世音菩薩名号。》

〔もし女人ありて、もし男を求めんと欲して、観世音菩薩を礼拝し供養せば、すなわち福徳、智慧の男を生まん。もし女を求めんと欲すれば、すなわち端正有相の女にして、宿、徳本を植えしによりて衆人に愛敬せらるるを生まん。無尽意よ、観世音菩薩はかくのごとき力あり。もし衆生ありて、観世音菩薩を恭敬し礼拝せば、福は唐捐からざるなり。この故に衆生は、皆まさに観世音菩薩の名号を受持すべし。」

赤ちゃんを身籠った女性は、なにを考えるものだろうか……。やがて産まれてくる赤ちゃんの性別を、彼女は気にしているのだろうか……。たぶん、最初のうちは、男の子がほしい、いや女の子のほうがよい、と考えるであろう。そして、出産の日が近づいてくると、男でも女でもいいワ、五体の健全な赤ちゃんであればよい、と思うようになるらしい。わたしの周囲にいる母親たちが、みんなそのような経過をたどっている。

ところで、『観音経』は、この問題についてちょっと不思議なことを言っている。

——男の子が欲しいと観音さまにお願いすれば、頭がよくて徳のある男の子が得られるのだよ。女の子が欲しいと観音さまにお願いすれば、器量がよくて気だてのやさしい、誰からも愛される女の子が得られるのだよ（「宿植徳本。衆人愛敬」とは、その生まれてくる女の子の宿業の徳によって、生まれたのちに衆人から愛敬される……の意）、したがって無尽意菩薩よ、観音さまにはこれだけの力があるのだから、観音さまを拝めば福が得られる。だから衆生は観音さまの名号をたもつべきなんだよ、と。

言っていることはよくわかるが、どうもどこかがちがっているように思えてならない。

お経の読み方

お経を読むとき、わたしはあまりその内容を疑いたくない。書かれているとおりに信ずるのが、わたしは正しいお経の読み方だと思っている。なぜなら、わたしたち凡夫の小賢しい智慧でもって、経典の記述をあげつらうことができそうにないからだ。

たとえば小学一年生に、「空には虹なんてありはしない。あれは光の加減で、あのように見えるだけのことだ」と教えても、たぶん納得できないであろう。それと同じことだ。わたしたちがお経の内容を理解できるまでには、まだまだ時間がかかる。もっともっと修行が必要だ。戒律を守り、正しい生活をし、そのあげくにはじめてお経に説かれていることの真意がわかるのだ。それまでは、わたしたちはただそれを信ずればよい。性急な小賢しい批判は、慎むべきであろう。

《愚人は、咎め立てする心で、勝利者(ブッダ)の教えを聞く。そのようなことをすると、正しい真理から遥かに遠ざかる。——地が天から遥かに遠ざかっているように。》(『仏弟子の告白　テーラガーター』岩波文庫　中村元訳)

わたしはそう思っている。わたしは常に、そうした態度で経典を読んできた。にもかかわらずわたしは、なぜかいま『観音経』の経文に疑義をさしはさんでしまった。――男子が欲しいと観音さまにお願いすれば、観音さまは頭の良い男の子を授けてくださる。女子が欲しいとお願いすれば、観音さまは見目うるわしい女の子を授けてくださる。そう書かれてあるところで、「なんだかおかしいなア……」と呟いてしまったのだ。

これはわたしのまちがいである。

疑義をさしはさみ、異議を唱える権利など、わたしにあるわけがない。

わたしたちは素直に、観音さまには男子も女子も、わたしたちの望むがままに授けてくださる能力のあることを信じておこう。それを信じた上で、ほんのちょっとだけ私的見解を付け加えることを許してもらうことにする。

それはこういうことだ。

たしかに、わたしたちは、男の子がほしい、女の子がほしいと勝手な望みを持っている。そんなわがまま勝手な望みも、観音さまはかなえてくださるが、ほんとうにわたしたちが救われるのは、自分の望みがわがまま勝手であると気づいたときである。その瞬間、わたしたちは、男子であれ女子であれ、観音さまの授けてくださるその子どもが、ほかならぬわたしの望んでいた子どもであるとわかるはずだ。

つまり、男―女にこだわっていたこだわりを、われわれは超越できるのだ。

それが奇蹟である――と、わたしは思っている。あるいは、それも奇蹟である、と言ったほうがよいのか……。ともあれ観音さまは、あらゆる奇蹟を現じる能力をお持ちなはずである。

観音さまの口ひげ

さて、クイズの解答をしよう。

観音さまは、男か、女か？　それが問題で、解答は三つあった。a―男だ。b―女だ。c―男でも女でもない。

じつは、abcともに正解なのである。というより、より正確に言えば、どの解答も誤りではない。

まず、女であるとする考え方であるが、それにはいろいろの証拠がある。たとえば、奈良法華寺の十一面観音像を思い出していただきたい。あの美しい尊像は、古来、光明皇后のお姿を模したものと伝えられてきた。もっとも、最近の美術史家の説だと、この菩薩像の造像は平安時代前期のことらしい。とすると、光明皇后ではなく、平安初期の代表的美人とされる嵯峨天皇の皇后＝檀林皇后がモデルではないかとされる。しかし、いずれにしても、女性を模したものである。だから、観音さまは女性だという考えも成立するのである。

それから、こんなことを書くとまじめな読者から叱られそうだが、あえて述べておく。〝観音さま〟は、俗語で女性性器そのものをいう。「ほんとうか……?」と念を押されても、隠語だからあまり文献に出てこない。ただし、ユージン・E・ランディ原編・堀内克明訳編『アメリカ俗語辞典』(研究社出版)には、"vagina"の訳語として、「……官能地帯、観音さま、器具……」といったことばが並べられている。

ともかく、世間一般では、観音さまが女性と思われていることは、まずまちがいのない事実である。

けれども、じつをいえば、観音さまは男であられる。「じつをいえば……」というのは、仏教教学での考え方である。

伝統的な仏教学では、女性は仏や菩薩になれないとされてきた。だから、インドの古典語であるサンスクリット語(梵語)は、文法的な性の区別をもった言語であるが、〝仏〟や〝菩薩〟にあたる単語には、男性形だけがあって、女性形はないのである。これは明らかに男女の差別であるが、インド・中国・日本の古代的な思惟のもとでの考え方なのだから、現代的観点から批判しても仕方のないことだ。いまのわたしたちはそんな考え方をする必要はないが、昔はそう考えられていたことまでは否定できない。それはともかく、その昔は、女性は仏・菩薩になれぬとされた。だから、観音さまが菩薩であられるかぎりにおいて、観音さまは男性である。それが結論である。

もう一つ、証拠がある。

さきほど、観音さまが女性であられることの論拠にした法華寺の十一面観音像である。じつは、あの像も男性である。なぜなら、あの像の口のあたりをよく見ていただきたい。読者はそこに、立派な口ひげの描かれているのを発見されるであろう。

口ひげをつけた観音さま……。つまり、観音さまは男であられるわけだ。

地上の三角関係

しかし、である。

伝統的な仏教学においては、観音さまが男性とされたとしても、現代のわたしたちはなにもそれにこだわる必要がないのかもしれない。われわれとしては思いきって、観音さまは性を超越した存在である、と言ってよいのではなかろうか……。

いつであったか、一老婦人からこんな相談のお手紙をもらった。

わたしは後妻である。そして、わが家の墓には、すでに先妻のお骨がはいっている。このたび亡くなった主人のお骨を、それで先妻のお骨と一緒にしたものかどうか……。一緒にすれば、いずれわたしも同じお墓に入り、あの世において三角関係になりそうな気がする。かといって、主人と先妻のお骨を別にすれば、なんだか先妻にすまない気がする。どうしたらよろしいか……。

どうすればよいか……。その手紙を読んだ瞬間、わたしが思い出したのは、『聖書』に似たような発問があったことである。

「先生、モーセはこう言っています。『もし、ある人が子がなくて死んだなら、その弟は兄の妻をめとって、兄のために子をもうけねばならない』。さて、わたしたちのところに七人の兄弟がありました。長男は妻をめとったが死んでしまい、そして子がなかったので、その妻を弟に残しました。次男も三男も、ついに七人とも同じことになりました。最後に、その女も死にました。すると復活の時には、この女は、七人のうちだれの妻なのでしょうか。みんながこの女を妻にしたのですが」(『マタイ伝』第二十二章)

ご存知のように、これはイエス・キリストに反対していたサドカイ派の人々が、イエスを困らせるためにした質問である。サドカイ派の人たちは、復活なんてない……と主張していた。あなたは復活があると言っているが、もし復活があるとすれば、こんな状況では困ってしまうだろう……。どうだい。あんたはこれになんと答えるかい……。そういってなされた質問なのだ。要するに、キリストをためしているのだ。

これに対するイエス・キリストの答えを引用しておく。

「あなたがたは聖書も神の力も知らないから、思い違いをしている。復活の時には、彼らはめとったり、とついだりすることはない。彼らは天にいる御使のようなものである。また、死人の復活については、神があなたがたに言われた言葉を読んだことがないのか。『わたしはアブラハムの神、イサクの神、ヤコブの神である』と書いてある。神は死んだ昔の神ではなく、生きている者の神である』(同上)

復活のときには、めとったり、とついだりすることはない。天国は天国であり、天国に地上の秩序・制度——結婚は一つの制度である——を持ち込むのが、大いなる誤りなのだ。イエスはそう言っているのである。

仏教においても、基本とする考え方は、このキリスト教のそれと一致している。主人と先妻と後妻——という地上の三角関係は、お浄土においては通用しない。地上の秩序・制度でもってお浄土を推し量ってはならないのだ。

お浄土は男性世界

女性の読者から叱られそうなことを、もう一度書いておく。わたしたちは伝統的な仏教教学を否定するにせよ、やはり出発点においてはそれを踏まえねばならぬと考えるからだ。伝統的な仏教教学では、女性はまたお浄土に生まれることができない、とされている。いや、その言い方は、ちょっと不正確である。仏教では、女性は仏になれぬとされているから、女性のままでお浄土に生まれたら困ってしまう。お浄土においても仏になれぬからだ。それで、お浄土に生まれるときには、全員が男性となって生まれるとされたのである。

お浄土――というのは、仏国土（ぶっこくど）である。ほとけさまの世界であり、ほとけさまが主宰しておられる世界だ。

わたしたちの生きているこの世――（仏教では、それを〝娑婆世界〟と呼んでいる。娑婆については、のちに『観音経』にも説かれているので、そのときに述べる）――は、苦しみの多い世界である。とてものことに、仏道修行なんてできない。いや、少数のエリートは修行を完成させて、この世にあって悟りを開いて仏となれるかもしれないが、大部分の凡夫はそんな器量にめぐまれぬ。だから、この世にあっては、凡夫が悟りを開く可能性はゼロである。

しかし、そのような凡夫のために、仏のほうでお浄土を建立してくださったのである。そのお浄土に凡夫を迎えとって、そこで仏道修行をさせてやろう……というのが趣旨である。

したがって、お浄土は一つではない。数多（あまた）なる仏がおられるが、それぞれの仏が主宰するお浄土＝仏国土を持っておられる。たとえば、――

阿閦（あしゅく）仏の東方・妙喜（みょうぎ）世界。

阿弥陀（あみだ）仏の西方・極楽世界。

薬師仏の東方・浄瑠璃世界。

などである。しかし、日本ではとりわけ阿弥陀仏の極楽世界が有名であって、お浄土といえば西方・極楽浄土をさすように思われている。

さて、そんなお浄土であるが、われわれ凡夫がそのお浄土に生まれさせていただくときには、全員が男性となって生まれるのだそうだ。そのようなことが、『法華経』（梵本）の第二十四章の詩頌に書かれている。

《西方に、幸福の鉱脈である汚れないスカーヴァティー（極楽）世界がある。
そこに、いま、アミターバ仏〔阿弥陀仏〕は人間の御者として住む。
そして、そこには女性は生まれることなく、性交の慣習は全くない。
汚れのない仏の実子たちはそこに自然に生まれて、蓮華の胎内に坐る。》（岩本裕訳）

お浄土に女性は生まれない――。しかし、それは女性蔑視の思想ではない。たしかに、古代においてそれが説かれたときには、女性差別の思想があったことは否めないが、現代のわれわれは、これを女性差別と受け取る必要はあるまい。なぜなら、お浄土に男性だけしか生まれぬとすれば、お浄土には男性だって存在しないのである。

縁起の思想

仏教では「縁起（えんぎ）」の思想を説く。

縁起というのは、要するに持ちつ持たれつの関係である。この世の中は、縁起の世界である。

たとえば、原因と結果――という関係（縁起）がある。昨夜、酒を飲みすぎたから、今朝の二日酔いがあるのだ。この世の中の現象で、原因のない結果はないし、結果を生ぜぬ原因もない。それをはっきりと見極めるのが、縁起の教えを理解することであり、ひいては仏教そのものがわかったことになるのだ。なぜなら、縁起の教えこそ、仏教の根本教理だからである。

原因があって結果がある――。それは簡単な教えである。それくらいのこと、小学生にだってわかるサ……と、ついわたしたちは嘯（うそぶ）いてしまうが、果たしてそうだろうか……。ときにわたしたちは、

「自分はなにも悪いことをしていないのに、どうしてその俺がこんなに苦しめられなければならないのだ⁉」

と言ってしまう。けれども、そう言った人は、縁起の思想を否定してしまったのである。

なにも悪いこと（原因）をしないで悪い結果だけがあると、彼は思ってしまったからである。原因なしの結果がある――と、そんな矛盾した考えを彼は採り入れたわけだ。つまり彼には、縁起の思想が理解できなかったのである。

原因―結果の関係だけではない。長い―短いといったような相対的な関係（縁起）もある。長いという概念は、短いという概念があってはじめて成立するものである。それを忘れて、一つの概念だけにこだわっていては、事物の真の姿はわからない。一メートルの棒が長いと信じ込んでいる人間は、二メートルの棒の前でも一メートルのほうに固執してしまうことになる。それは愚かな人間のすることだ。長―短、浄―不浄、美―醜の一方にこだわってはならぬと教えたのが、縁起の教説である。

だとすれば、もうおわかりであろう。

男と女というものは、相対的な縁起の関係である。男があって女があり、女があるから男があるのだ。いずれか一方がなくなれば、他方も成立しなくなる。

お浄土に男性しかない――ということは、その男性だって存在しないことなのだ。女性がなくて、どうして男性が存在するだろうか……。

それが結論である。

お浄土においてまでも、男と女の三角関係を持ち込むことは、どだいまちがっているのだ。お浄土には、男もなければ、女もない。だから、そもそも三角関係なんてない――。

観音さまは、男性でもなければ、女性でもない。そして同時に、観音さまは男性であり、また女性であられる。

そのことを、わたしは言いたかったのだ。

それ故、……。

男の子がほしい、女の子がほしいと願うことも、男の子であっても女の子であってもかまいはしないと願うことも、つまるところは同じである。信仰の世界においては、それはどちらでもいいことだ。どちらの表現が正しいか……と、こだわることのほうがおかしい。どちらも同じことを言っているのだから……。

無功徳なる功徳

無尽意よ、若し人有りて、六十二億恒河沙の菩薩の名字を受持し、復形を尽すまで、飲食、衣服、臥具、医薬を供養せんに、汝が意に於いて云何。是の善男子、善女人の功徳、多きや不や」。無尽意の言さく、「甚だ多し、世尊」。仏の言わく、「若し復人有りて、観世音菩薩の名号を受持し、乃至一時も礼拝し供養せば、是の二人の福、正に等しくして異なること無し。百千万億劫に於ても、窮め尽す可からず。無尽意よ、観世音菩薩の名号を受持せば是の如きの無量無辺の福徳の利を得ん」。

* * *

観音信仰の功徳

前章に引きつづいてこの章においても、全段を一時に読んで解説をしてみたい。この章では、観音さまを信仰することの功徳が述べられている。

《無尽意。若有人。受持六十二億。恒河沙菩薩名字。復尽形供養。飲食衣服。臥具医薬。於汝意云何。是善男子。善女人。功徳多不。無尽意言。甚多世尊。仏言。若復有人。受持観世音菩薩名号。乃至一時。礼拝供養。是二人福。正等無異。於百千万億劫。

不可窮尽。無尽意。受持観世音菩薩名号。得如是無量無辺。福徳之利。》

〔無尽意よ、もし人ありて、六十二億恒河沙の菩薩の名字を受持し、また形を尽すまで、飲食、衣服、臥具、医薬を供養せんに、汝が意において云何。この善男子、善女人の功徳、多きや不や」。無尽意の言さく、「はなはだ多し、世尊」。仏の言わく、「もしまた人ありて、観世音菩薩の名号を受持し、ないし一時も礼拝し供養せば、この二人の福。まさに等しくして異なることなし。百千万億劫おいても、窮め尽すべからず。無尽意よ、観世音菩薩の名号を受持せば、かくのごときの無量無辺の福徳の利を得ん」。〕

最初にある「無尽意よ……」との呼びかけは、釈尊が無尽意菩薩に言われたものだ。釈尊は『観音経』のはじめから、無尽意菩薩に向かって、観音さまのことを説いてこられた。われわれの本章でいえば、第一章の半ば（四一頁）から釈尊のことばがはじまっている。そして釈尊は、語りつづけながら、ときどき無尽意菩薩に呼びかけられている。

「無尽意よ。だからね……」

「無尽意よ、それだからこそ……」

といった工合に、注意を喚起するための呼びかけであった。これは、わたしたちもよくやることである。座談の途中で、

「そうでしょう。増原さん」

「ちがいますか、木田さん」

と、相手の名前を呼んだほうが、会話はうまく行く。それがうまい座談のやり方である。

ところが『観音経』の本段においては、釈尊は無尽意菩薩に対してちょっと質問を挿(はさ)んでおられる。

「……あなたはどう思うかね？」

「はい、多いと思います」

「それからね、もしまた……」

といった工合に、釈尊の問い、無尽意菩薩の返答、ついで釈尊の話と会話が展開している。そのことに注意しておいていただきたい。あらためて贅言(ぜいげん)をしなくとも、たいていの読者にはわかっておられるとは思うが、書き下し文において鉤括弧(かぎかっこ)(「」)が一つ足りないと思われるといけないので、蛇足を加えておいた。

ガンジス河の砂ほどの菩薩

さて、この段においては、観音信仰の功徳(くどく)が述べられている。

ところで「功徳」とは、善行の結果として、現在または未来に報いられる果報をいう。

造寺起塔(ぞうじきとう)といって、寺を建てたり仏塔を寄進したりするのが、一般にいう功徳のある行為である。あるいは、写経も功徳があるとされる。もちろん、お念仏・唱題も功徳がある。あるいは、仏前に物を供えて祀(まつ)る「供養」も、大きな功徳のある行為である。

いま、仏は言われる――。六十二億恒河沙(ごうがしゃ)の菩薩の名字を受持する。〝恒河沙〟とは、文字どおりには「ガンジス河の砂」の意である。数えきれぬほどの多数……をいったことばである。六十二億恒河沙とは、その数えきれぬガンジス河の砂の数を、さらに六十二億倍したものだ。それほど数多(あまた)なる菩薩の名号を受持し、さらに飲食、衣服、臥具、医薬を供養するのと同じ功徳が、観音さま一人を信ずることによって得られるというのである。六十二億恒河沙菩薩・イコール・観世音菩薩――ということになる。

なぜか。……?

その問いはむずかしい。これについては、昔から教学的な解釈がある。わが身と観音は同一の法身(ほっしん)であるから、その徳も平等である――といったふうにも説明されている。あるいは、ほんとうは六十二億恒河沙の菩薩のうちに観音も含まれており、一人一人の菩薩の功徳は平等なのだが、ただ人々に観音菩薩の功徳を印象づけるためにそう言った、とする解釈もある。どちらかといえば、この後者の解釈のほうがわかりよい。

いずれにしても、この問題はいささかむずかしすぎる。しかし、そう言って逃げてしまっては、『観音経』の真意を明らかにすることができないので、なんとかわたしなりの答えを発見せねばならない。

達磨と武帝

ひとつ、禅の話をしてみよう。菩提達磨といえば、インドから中国に禅を伝えた人物である。インド名をボーディダルマといい、中国禅宗の第一祖である。この人は、嵩山の少林寺で面壁九年の坐禅をつづけたそうだ。その結果、手足が融けてなくなり、それで、〝だるまさん〟ができあがったという。まさか現実の手足がなくなりはしないが、それほどまでに坐禅に打ち込んだことを象徴的に語ったものだ。わたしは大学で哲学の講義をしているが、ときどき試験の答案に〝だるまさん〟の絵を描く学生がいる。「むずかしくて手も足も出ません」のしゃれであるが、これは試験勉強のしすぎで手足が出なくなったわけではなく、反対に勉強しないから手足が出せないのだ。

そんなことはどうでもよろしい。わたしが菩提達磨の話をしたいのは、この達磨がはじめて中国にやってきたとき、梁の武帝と問答をしている。その問答がおもしろいと思ったからである。誤解されるといけないので、あわてて言っておくが、菩提達磨というのは、どうやら歴史に実在した人物ではないらしいのである。だから、達磨に関する話は、すべて伝説である。武帝と問答した——という伝説が伝わっているのだ。

達磨に向かって、武帝はこう言った。

「朕は、即位してから今日まで、多くの寺院を造り、経巻を書写し、また僧尼たちを度してきた。これらの行為には、いかなる功徳があるであろうか……」

だが、インドからきた僧の答えは、武帝の予期せざるものであった。

「無功徳！」

いとも冷然と、達磨は答えている。……ここのところは、観音さまの功徳について考えているわれわれにとって重要なので、少しく詳しく見ておこう。

《帝問ふて曰く。朕、即位して已来、寺を造り、経を写し、僧を度すること、勝げて紀すべからず。何の功徳か有ると。師曰く。並びに功徳無しと。帝曰く。何を以てか功徳無きと。師曰く。此れ但だ人天の小果、有漏の因にして、影の形に随ふが如し。有ると雖も実に非ずと。帝曰く。如何なるか是れ真の功徳と。答へて曰く。浄智は妙円にして、体、自から空寂なり。是の如くの功徳は世を以て求めずと。……》（『景徳伝灯録』巻第三）

〔武帝が尋ねた「朕は即位して以来、寺を造り、経を写し、僧を度してきた。それは書ききれぬほどやった。どういう功徳があるか？」　達磨は言う「いずれの行為も、功徳なんてない」　帝「どうして功徳がないのか？」　達磨「そんなものは、この迷いの世界におけるちょっとした因果の報いで、影が形につきまとっているようなものだ。幻のごときもので、実際にありはしない」帝「では、真の功徳とはなにか？」達磨「悟りの浄（きよ）らかな智慧は、完全無欠なものであり、存在論的には〝空〟である。真の功徳は、世間的な標準では捉えられない」……」

禅の話は難解である。こんな七面倒な問答を読まされて、頭を痛めておられる人もおいでではなかろうか。しかし、まあ、ここのところはざっと読みとばしてもらっても結構である。武帝が、わしは善いことをやったんだゾ、と誇らしげに語っているその鼻面を、達磨がぴしゃりと叩（たた）いたところを読んでもらえればよい。「一日一善、お父さんお母さんを大切に」と、テレビで得意げにコマーシャルを流している人に、

「そんなん、糞（くそ）の役にもたたんワ」

と、高僧が、託宣（たくせん）を垂れたようなものであるが……。そんな高僧が、現代日本にいてもいいと思うのだが……。

危い、危い。わたしの話は、またしても脱線しそうである。

無功徳の功徳

寺を造り、経を写し、僧を度す——「度す」というのは、出家をさせることだ。武帝は国王であるから、僧になる許可を与えてやることができる。僧になるのになぜ許可がいるかといえば、僧は生産から遊離して、権力によって生活を保証してもらわねばならぬからだ。今日的にいえば、税金を払わずに年金を受給するようなもの。だから、許可制である。武帝は、つまりお坊さんを多くつくったわけだ。

造寺・写経・度僧——疑いもなく、それらは立派に功徳のある行為である。それ故、心のなかで武帝は、誇らしげであっただろう。誉めてもらいたい気持ちがあったはずだ。

だが、それを達磨は、「無功徳！」と言った。

功徳なんてあるものか！　そう達磨が言ったのである。

いったい、これは、どういう意味か？

達磨が言いたかったのは、こういうことだと思う。武帝にしてもわれわれにしても、ふつうに功徳というものをこんなふうに考えているはずだ。すなわち、Aの行為をすれば、Xという功徳が得られる、と。しかし、そんなふうに考えれば、大事なのはX（功徳）で、Aの行為自体はどうでもよくなってしまう。チャランポランにAの行為をやっても、逆に真剣にAの行為をやっても、同じくXの功徳が得られるのであれば、誰も彼もがAをチャランポランにやることになるだろう。あるいは、チャランポランに数をこなしさえすれば、Xが増大すると錯覚するにいたる。達磨は、武帝がそう考えていることを叱ったのだ。それを叱って、「無功徳！」と答えたのだ。Xのことなど考えるな！　Aそのものに打ち込んでいれば、それでいいではないか！　達磨はそう言いたかったにちがいない。

造寺によって功徳を求める。すると、造寺そのものは、どうでもよくなってしまう。それでは困るのだ。大事なのは造寺そのもので、功徳はそれに附随したものである。そうでなければおかしい。

だから、達磨は「無功徳！」と言ったのだ。それはすなわち、造寺そのものが功徳だからである。寺を造らせていただく。そのこと自体が功徳なのだ。それに気づいていない武帝の愚を、達磨は腹のなかで嘲笑（わら）っていたにちがいない。

そう考えれば、『観音経』の意味するところも、おのずから明らかになるであろう。

つまり、真の功徳は、「無功徳」である。「無功徳」とは、ゼロである。ゼロであれば、それを六十二億恒河沙倍しようが、一倍にしようが、結果は等しくなる。六十二億恒河沙倍の仏・菩薩の名号を受持するのと、観世音菩薩一人の名字を受持するのが、「正等無異（しょうとうむい）」（まさに等しくして異なることなし）であるわけだ。

それはすなわち、わたしたちが功徳を外に求めることを叱っているのである。観音さまの名号を受持する行為（A）によって、外に功徳（X）を求める。そんなことをすれば、観音さまはどうでもよくなってしまう。チャランポランに観音さまを念じて、Xだけに執着してしまうことになる。あるいは、Aを数量化してしまって、ともかくも称名の回数だけを増やしてみたり、あれこれ数多くの仏・菩薩に頼る気になりやすい。数にこだわるようになるのだ。そんな数量化された行為には、所詮(しょせん)功徳なんてありはしない。「無功徳」であってこそ、はじめてわたしたちはその行為に打ち込める。そして、その行為に打ち込めること自体が、大きな功徳なのである。

それが、信仰の世界における論理なのだ。

信仰の世界の論理は、本質的にパラドクシカル（逆説的）である。

いささかむずかしい話になってしまった。そこで、ちょっと息抜きのために、脱線話をしようと思う。幸いに『観音経』は、この第五章の終わったところで一つの大きな段落がある。ここで前半部と後半部に分けることができる。したがって、後半部をはじめる前に、ほんの少し余談を語ることにしよう。

観音さまの住所はどこか

脱線話といえば、わたしのはクイズ的・雑学的になる。それは、わたしの性格のしからしめるところである。だが、ここで観音さまの住所を問うておくことは、ある意味では第六章の伏線になっている。そう思って、読者はひとつわたしの雑学話につきあっていただきたい。

伝承によると、観音さまは南インドのポータラカ（Potalaka）山に住んでおられるという。ただし、実際に南インドにポータラカという名の山があるわけではない。一種の伝説上の山名である。

ところで、この〝ポータラカ〟という山名は、漢字では〝補陀落山〟〝普陀落〟〝普陀山〟と宛字された。そして、中国においては浙江省にある普陀山が、観音さまの霊場と信じられたのである。また日本でも、観音信仰の盛んになった平安末期のころに、紀州（和歌山県）の那智山を中心に補陀落山信仰が起こった。ここから小舟に乗って南海へ向かってこぎだし、観音さまの国に往生しようとする補陀落渡海信仰も盛んであった。現在でも那智山は観音霊場とされ、西国三十三所観音第一番の札所である。

それから、おもしろいのは日光である。

日光といえば東照宮のある観光地であるが、もとは観音信仰の霊場で、〝ふだらく（補陀落山）〟と呼ばれていたのである。そして、この〝ふだらく〟がのちに〝ふたあら〟に転訛して発音されるように、やがて〝ふたあら〟に〝二荒〟の漢字が宛てられた。さらに、その〝二荒〟が〝にこう〟と読まれ、〝にこう〟が今度は〝にっこう〟と発音され、その〝にっこう〟に〝日光〟の字が宛てられるようになったという。つまり、

〝ポータラカ〟→〝補陀落〟→〝ふだらく〟→〝ふたあら〟→〝二荒〟→〝にこう〟→〝にっこう〟→〝日光〟

となったわけだ。まったくおもしろい変化である。

さらについでに言及すれば、チベットの首都＝ラサにあるダライ・ラマの宮殿は、〝ポタラ宮〟と呼ばれるが、これも、〝ポータラカ山〟に由来した名称である。ダライ・ラマは観音菩薩の化身（けしん）と信じられているところから、その宮殿に〝ポタラ宮〟と命名したのであろう。とすれば、チベットの〝ポタラ宮〟とわが国の〝日光〟が親類なわけだ。ラサと日光市は、ひとつ姉妹都市の宣言でもしませんか……。

第六章

無限の姿とかたちをとる観音さま

無尽意菩薩は、仏に白して言さく、「世尊よ、観世音菩薩は、云何がしてこの娑婆世界に遊び、云何がして衆生の為に法を説くや。方便の力、其の事云何」。仏は、無尽意菩薩に告げ給う。「善男子よ。若し国土の衆生有りて、応に仏の身を以て、度うことを得べき者には、観世音菩薩は、即ち仏の身を現じて、而も為に法を説く。応に辟支仏の身を以て、度うことを得べき者には、即ち辟支仏の身を現じて、而も為に法を説く。応に声聞の身を以て、度うことを得べき者には、即ち声聞の身を現じて、而も為に法を説く。応に梵王の身を以て、度うことを得べき者には、即ち梵王の身を現じて、而も為に法を説く。応に帝釈の身を以て、度うことを得べき者には、即ち帝釈の身を現じて、而も為に法を説く。応に自在天の身を以て、度うことを得べき者には、即ち自在天の身を現じて、而も為に法を説く。応に大自在天の身を以て、度うことを得べき者には、即ち大自在天の身を現じて、而も為に法を説く。応に天大将軍の身を以て、度うことを得べき者には、即ち天大将軍の身を現じて、而も為に法を説く。応に毘沙門の身を以て、度うことを得べき者には、即ち毘沙門の身を現じて、而も為に法を説く。応に小王の身を以て、度うことを得べき者には、即ち小王の身を現じて、而も為に法を説く。応に長者の身を以て、度うことを得べき者には、即ち長者の身を現じて、而も為に法を説く。応に居士の身を以て、度うことを得べき者には、即ち居士の身を現じて、而も為に法を説く。応に宰官の身を以て、度うことを得べき者には、即ち宰官の身を現じて、而も為に法を説く。応に婆羅門の身を以て、度うこ婆塞、優婆夷の身を以て、度うことを得べき者には、即ち比丘、比丘尼、優婆塞、優婆夷の身を現じて、而も為に法を説く。応に長者、居士、宰官、婆羅門の婦女の身を以て、度うことを得べき者には、即ち婦女の身を現じて、而も為に法を説く。応に童男童女の身を以て、度うことを得べき者には、即ち童男童女の身を現じて、而も為に法を説く。応に天、竜、夜叉、乾闥婆、阿脩羅、迦楼羅、緊那羅、摩睺羅伽、人非人等の身を以て、度うことを得べき者には、即ち皆之を現じて、而も為に法を説く。応に執金剛神を以て、度うことを得べき者には、即ち執金剛神を現じて、而も為に法を説く。無尽意よ、是の観世音菩薩は、是の如きの功徳を成就して、種々の形を以て、諸の国土に遊び、衆生を度脱たもう。是の故に、汝等よ、応当に一心に観世音菩薩を供養すべし。是の観世音菩薩摩訶薩は、怖畏急難の中に於て、能く無畏を施したもう。是の故に此の娑婆世界に、皆之を号して施無畏者と為す。

＊　＊　＊

エコノミック・アニマル

日本人がエコノミック・アニマルと呼ばれるようになって久しい。そう言った外国人よりも、日本人のほうがそのことばを愛用しているようである。いまとなっては、なんだか開き直ってしまった感がしないでもない。一部の日本人のあいだでは、あまり働こうとしない外国人を非難して、おまえたちはエコノミック・アニマルの爪の垢でも煎じて呑むべきだと言いだしはじめた。

だが、日本人がエコノミック・アニマルと呼ばれるのは、たんに日本人が働きすぎるからではない。それだけですませてしまっては、大きなものを見落とすことになる。じつは、そのことばで言われていることの主要部分は、日本人の人生に対する態度にあるようだ。働くことはちっとも悪くないが、いったいなんのために働くのか、なんのための人生か、そこのところを日本人が忘れてしまっていることに対する嘲笑であり、非難であるのだ。わたしはそのように受け取っている。

今日の一日は、今日のためにある。わたしたちの人生は、一日一日の積み重ねであるのだから、今日を今日として生きるべきである。それが、ほんとうの生き方である。

ところが日本人は、明日のために今日の一日を平気で犠牲にしてしまうのだ。金が儲かるとなれば、今夜の家庭での団欒（だんらん）を犠牲にしてまで、会社に残って超勤をつづける。本人はそれで満足かもしれないが、パパの帰りを待ちわびている子どもたちはどうなるのか？　夏休みにまとめて家庭サービスをしたところで、ほんとうは計算が合わないのだ。なぜなら、子どもたちにとっては、一年三百六十五日、毎日毎日父親と楽しい語らいをする権利を持っているのである。その権利を、父親は踏みにじったわけだ。

たった一日で済めば、まだしもである。しかし、日本人は、一年三百六十五日のすべてを犠牲にして平気なのだ。単身赴任だなどといって、二年も三年も別居生活を余儀なくされているサラリーマン、公務員がいる。マイホームが建つまでは……と、夫婦共稼ぎで鍵っ子にされた子どもがいる。子どもにとって両親の愛情は、子どもの時期にこそ必要なのだ。子どもが大学生になってから、キャラメルを配ってみても遅い。

人生は、一日一日が生き甲斐（がい）である。たとい一日でも、それを犠牲にしてよいわけがない。にもかかわらず、経済的利益のためには、人生の一日を平気で犠牲にしてしまうのが日本人である。そして、そのような態度が、エコノミック・アニマルと呼ばれる原因なのだ。わたしはそのように解釈している。

●ルソーの『エミール』

もう少し、この問題をつづける。

『エミール』といえば、フランス啓蒙主義を代表する思想家＝ジャン・ジャック・ルソーの教育論書である。そのなかで、たしかこんな主張がなされていたはずだ。

——人生のさまざまな時期、段階には、それぞれ固有の目的があり、完成がある。それ故、未来の幸福のために……といった理由で、子どもの現在の幸福を犠牲にすることは許されない。

わたしが『エミール』を読んだのは、大学の図書館においてであった。もうかれこれ三十年の昔になる。それで、その詳しい内容は忘れてしまったが、ルソーのこの主張だけは特別に記憶に残っている。灰色の受験勉強の直後であったから、ルソーの思想によけいに共感したのである。入学試験のために勉強するなんて、馬鹿馬鹿しいことだとほんとうにそう思った。中学の三年、高校の三年を日本の教育制度では、入試のために犠牲にしてしまわねばならない。中学生には中学生としての人生があり、喜びがあるべきであるが、それをやっていると高校進学ができない。高校生が充実した三年間をおくれば——そのうちには恋もあり、失恋もあり、スポーツもあり、友情もある——、大学に入れない。大学に入ろうとすれば、高校の三年間はただただ受験勉強だけになってしまう。それが日本の教育制度なのだ。

ルソーが言うように、子どもは大人の未完成品ではないのだ。子どもは未完成品だから、完成品にするために教育する——という考え方はおかしいのだ。そう考えるから、現在の幸福を犠牲にしても、未来に大きな幸福が得られればよいではないか……という、エコノミック・アニマル的発想が出てくる。

それはまちがいなんだ。

現在は現在として充実させねばならない。

一日一日が人生なんだ。今日一日を犠牲にすれば、今日一日あなたは人間でなかったことになる。人間ではなしに、畜生（アニマル）として働いたことになる。日本人がエコノミック・アニマルと呼ばれるのは、動物的に働くことだけをして、人間として生きることを忘れてしまったからだと思う。働くことそのものは悪ではないが、人間として生きることを忘れた労働は、囚人・奴隷のそれであり、牛馬のそれでしかない。その点を、わたしたち日本人は、よくよく反省しておかねばならない。

だいぶ横道に逸れた。じつはわたしは、〝遊ぶ〟ということばの意味を考えてみたかったのだ。それで、〝遊ぶ〟と〝働く〟を対比してみて、そのなかから〝遊ぶ〟ということの意味を考察しようとしたのである。

〝遊び〟の意義

なぜ、〝遊ぶ〟といったことばが問題になるのか……？

それは、『観音経』にそのことばが出てくるからである。

《無尽意菩薩。白仏言。世尊。観世音菩薩。云何遊此娑婆世界。云何而為衆生説法。方便之力。其事云何。》

〔無尽意菩薩は、仏に白して言さく、「世尊よ、観世音菩薩は、云何がしてこの娑婆世界に遊び、云何がして衆生のために法を説くや。方便の力、そのこと云何。」〕

無尽意菩薩が釈尊に質問された。

「お釈迦さま、観音さまはどんなお姿になってこの娑婆世界に遊ばれ、どのようなお姿をとられて、わたしたち衆生のために法を説いてくださるのですか？　観音さまの方便のお力は、どのようなものですか？」
と。
つまり、観世音菩薩はさまざまなお姿に身を変えられて、わたしたちの前に出現される。それはどんな姿か？………と、無尽意菩薩がお釈迦さまに尋ねているのであるが、そのとき無尽意菩薩は〝遊ぶ〟といったことばを使われている。それはいったいどういう意味か？　わたしは疑問に思ったのである。

そこで、〝働く〟ということを考えてみた。

「観音さまは、どのようなお姿になって、この娑婆世界で働いておられるのですか？」

そう尋ねたとする。

だが、それはやはりおかしいだろう。なんだか観音さまが、汗水たらして働いておられる姿が浮かんでくる。それはそれでいい姿であるが、どうにも余裕がないのだ。そんな観音さまに話しかけたら悪いような気がする。残業して超勤を稼ぎ、母ちゃんはせっせと内職している。そうしてマイホームの建設資金をためているのだが、そんな父ちゃん、母ちゃんには、子どもはうかうかと近寄れない。ぼくら、別に一戸建ての家なんて無うてもええんや。父ちゃん、母ちゃんと、しみじみ語り合いたいわ……。子どもはそう言いたいのだ。遊んでいる父ちゃん、母ちゃんのほうが、子どもには親しみを感じる。

だから、観音さまも、やはり遊んでいてもらいたい。

いや、われわれ日本人は、もっともっと遊ぶべきなんだ。

中学生は、思いきり遊べばよい（しかしね、遊びすぎると、中学生ではなくなるよ。中学生には中学生としての遊びがある。それを踏み越えれば、「不良」であって、中学生ではないのだ）。

サラリーマンは、サラリーマンとして思いきり遊べばよい（しかし、遊んでばかりいると、それは「遊び人」であって、サラリーマンではなくなる。サラリーマンがサラリーマンとして遊ぶためには、サラリーマンとしての仕事をきっちりとせねばならぬ）。

そう考えれば、いささか逆説的ではあるが、〝遊び〟のなかにこそ真の人生があるのかもしれない。ともあれ、〝遊び〟を忘れ、〝遊び〟を否定してしまった日本人のエコノミック・アニマルぶりは、どこかおかしい。観音さまは、きっと日本人のエコノミック・アニマルぶりを苦々しく見ておられるだろうな……と、わたしはそんなふうに思うのだ。

子どもたちと手まりをついて遊ばれた良寛さんの姿が、髣髴とする。仏教には、〝遊戯三昧〟といったことばがある。遊戯三昧とは、なにものにもとらわれない自由自在な仏の境地をいったものだ。わたしたち日本人は、もう少し余裕をもって人生を生きたい――。

娑婆は忍土である

「観音さまは、どういうお姿で、この娑婆世界に遊ばれるのですか?」

無尽意菩薩は、そう釈尊に問い尋ねられた。ここで娑婆世界について解説しておこう。

〝娑婆〟という語は、サンスクリット語(梵語)の〝サハー〟を音写したものである。意味をとって訳せば、「忍土(にんど)」「堪忍(かんにん)世界」となる。わたしたちが生きているこの世界のことだ。

この世界は、苦しみの世界である。たしかに楽しいこともあるかもしれないが、その楽しみは永遠にはつづかない。いつか苦しみに転ずる。会うは別れのはじめである。美しい女性も、いつかは老婆となる。とすれば、美がかえって苦しみの原因であるわけだ。この世は本質的に苦の世界である。

満員電車のようなものだ。わたしはそんなふうに喩(たと)える。わたしが乗車することによって、それだけの空間を占領し、他人に窮屈な思いをさせているのである。そして、他人はわたしに窮屈な思いをさせる。われわれは互いに相手に迷惑をかけあって生きているのだ。それが娑婆である。だから、この娑婆では、互いに相手から受ける迷惑を耐え忍びつつ生きねばならない。それが「忍土」の意味である。自分が他人の足を踏んづけたときには、

「満員だから仕方がない」と電車のせいにし、他人から踏まれたときには、「もっと気をつけろ！」と怒鳴る。そんな自分勝手な態度では、この娑婆はますます窮屈になる。お互いに苦痛・不便を耐え忍びつつ、他人を許しあって生きるのが、この娑婆での生き方だ。それができないと、この娑婆はすぐに地獄になってしまう。

そして、――。

観音菩薩は、わざわざこの娑婆に〝遊び〟にきてくださるのである。わたしたち衆生を救い、衆生に法を説くために……。それも、さまざまな姿に身を変えられて……。

それを「方便」という――。

方便とは、手段である。勉強すればプラモデルを買ってやる。と父親は言う。そのときプラモデルが方便で勉強が目的である。それと同じで、わたしたち衆生を導くために、観音さまはさまざまな姿に身を変えて、わたしたちの前に現われてくださるのだ。

観音さまは、どのようなお姿になられるのですか？　無尽意菩薩がそう質問された。もちろん、わたしたちに代わって、釈尊に尋いてくださったのだ。わたしたちの身近かなところにおられる観音さまを、わたしたちが発見できるように……と思っての質問である。観音さまは、ほんとうに意外なところにおられるのだ。

●観音さまの変身

前章の終り（一二四頁）で、観音さまの住所は南インドのポータラカ山だ、と記しておいた。しかし、観音さまは、ポータラカ山の宮殿でのんびり昼寝をしておられるわけではない。さまざまな姿に身を変じて、わたしたちのこの娑婆世界に〝遊び〟にきてくださっているのだ。その観音さまの変化身を、これから釈尊が列挙される。

《仏告無尽意菩薩。善男子。若有国土衆生。応以仏身。得度者。観世音菩薩。即現仏身。而為説法。応以辟支仏身。得度者。即現辟支仏身。而以説法。応以声聞身。得度者。即現声聞身。而以説法。》

［仏は、無尽意菩薩に告げ給う。「善男子よ。もし国土の衆生ありて、まさに仏の身をもって、度うことを得べき者には、観世音菩薩は、すなわち仏の身を現じて、しかも為に法を説く。まさに辟支仏の身をもって、度うことを得べき者には、すなわち辟支仏の身を現じて、しかも為に法を説く。まさに声聞の身をもって、度うことを得べき者には、すなわち声聞の身を現じて、しかも為に法を説く。」］

「対機説法（たいきせっぽう）」ということばがある。釈尊は教えを説かれるとき、その教えを聴聞（ちょうもん）する相手によって、説き方を変えられたそうだ。人はそれぞれ、能力がちがい性格がちがっている。その差を考えずに同じ教えを説けば、かえって誤解が生じるであろう。神経質な者には「のんびりせよ」と忠告してもよいが、のんびりした人間に同じことばを言えば、結果は逆になってしまう。

それを裏返しに言えば、同じことばでも、わたしたちはそれを素直に聞ける場合と、それに反撥（はんぱつ）をおぼえる場合とがある。相手がちがえば、まったく同じことが言われているのに、それが厭味に聞こえたりするのである。人間には好き嫌いがあるからである。だから、学校の勉強だって、好きな先生から教わる教科のほうが進歩も早いのである。

それが、観音さまがさまざまな変化身でもってわれわれの前に現われてくださる理由である。好き嫌いのはげしいわたしたちのために、その人がいちばん教えを受けやすい姿かたちをとってその人の前に現われ、そして法を説いてくださるのである。

たとえば、仏の姿で出現される。それは、仏から教えを受けたいと思っている人のためである。その人のためには、仏の姿をとるのがいちばんいいからである。

辟支仏（びゃくしぶつ）というのは、師の教えを受けずに独力で悟りを開いた人のことである。だから〝独覚（どっかく）〟とも呼ばれている。自分ひとりで真理を悟り、それでいい気になっている独善者である。彼はあまり、他人に教えを説こうとはしない。したがって、辟支仏というのは、大乗仏教では高く評価されない仏であるが、この世の中には変人・奇人がいて、そういう仏から教えを受けたいと言いだす者もいるのである。そんな変人・奇人のために、観音さんは辟支仏の姿に身を変じてくださるのだ。

そしてまた、声聞の姿にもなられる。声聞というのは、釈尊の教えによって悟った人である。しかし、辟支仏と同じで、他人のために法を説こうという気がない。自分一人でその真理を楽しんでいる、程度の低い仏である。しかし観音さまは、喜んでそんな声聞の姿に身を変じられるのだ。なんとかして、わたしたち衆生のすべてを救ってやろうとして……である。

三十三の変化身

これからしばらくは、観音さまの変化身の姿が叙述される。

《応以梵王身。得度者。即現梵王身。而為説法。応以帝釈身。得度者。即現帝釈身。而為説法。応以自在天身。得度者。即現自在天身。而為説法。応以大自在天身。得度者。即現大自在天身。而為説法。応以天大将軍身。得度者。即現天大将軍身。而為説法。応以毘沙門身。得度者。即現毘沙門身。而為説法。応以小王身。得度者。即現小王身。而為説法。応以長者身。得度者。即現長者身。而為説法。応以居士身。得度者。即現居士身。而為説法。応以宰官身。得度者。即現宰官身。而為説法。応以婆羅門身。得度者。即現婆羅門身。而為説法。応以比丘。比丘尼。優婆塞。優婆夷身。得度者。即現比丘。比丘尼。優婆塞。優婆夷身。而為説法。応以長者。居士。宰官。婆羅門婦女身。得度者。即現婦女身。而為説法。応以童男童女身。得度者。即現童男童女身。而為説法。応以天。竜。夜叉。乾闥婆。阿脩羅。迦楼羅。緊那羅。摩睺羅伽。人非人等身。得度者。即皆現之。而為説法。応以執金剛神。得度者。即現執金剛神。而為説法。》

〔まさに梵王の身をもって、度うことを得べき者には、すなわち梵王の身を現じて、しかも為に法を説く。まさに帝釈の身をもって、度うことを得べき者には、すなわち帝釈の身を現じて、しかも為に法を説く。まさに自在天の身をもって、度うことを得べき者には、すなわち自在天の身を現じて、しかも為に法を説く。まさに大自在天の身をもって、度うことを得べき者には、すなわち大自在天の身を現じて、しかも為に法を説く。まさに天大将軍の身をもって、度うことを得べき者には、すなわち天大将軍の身を現じて、しかも為に法を説く。まさに毘沙門の身をもって、度うことを得べき者には、すなわち毘沙門の身を現じて、しかも為に法を説く。まさに小王の身をもって、度うことを得べき者には、すなわち小王の身を現じて、しかも為に法を説く。まさに長者の身をもって、度うことを得べき者には、すなわち長者の身を現じて、しかも為に法を説く。まさに居士の身をもって、度うことを得べき者には、すなわち居士の身を現じて、しかも為に法を説く。まさに宰官の身をもって、度うことを得べき者には、すなわち宰官の身を現じて、しかも為に法を説く。まさに婆羅門の身をもって、度うことを得べき者には、すなわち婆羅門の身を現じて、しかも為に法を説く。まさに比丘、比丘尼、優婆塞、優婆夷の身をもって、度うことを得べき者には、すなわち比丘、比丘尼、優婆塞、優婆夷の身を現じて、しかも為に法を説く。まさに長者、居士、宰官、婆羅門の婦女の身をもって、度うことを得べき者には、すなわち婦女の身を現じて、しかも為に法を説く。まさに童男童女の身をもって、度うことを得べき者には、すなわち童男童女の身を現じて、しかも為に法を説く。まさに天、竜、夜叉、乾闥婆、阿脩羅、迦楼羅、緊那羅、摩睺羅伽、人非人等の身をもって、度うことを得べき者には、すなわち皆これを現じて、しかも為に法を説く。まさに執金剛神をもって、度うことを得べき者には、すなわち執金剛神を現じて、しかも為に法を説く。」

お釈迦さまが列挙された観音さまの変化の姿は、全部で三十三ある。そのうち三つは、すでに前段で挙げられている。

1　仏　身。
2　辟支仏身。
3　声聞身。
この段では、4の梵王身からが順次に出てくる。叙述のスタイルは全部同じなので、以下では変化身だけを解説しておく。

4　梵王身。
梵王はまた〝梵天〟とも呼ばれる。もとはインド神話の神さまで、仏教にとり入れられて帝釈天と並ぶ二大護法神の一つとされた。この娑婆世界を主宰する神として、〝娑婆主〟の異名をもつ。梵天にも階級があって、上から大梵天、梵輔天、梵衆天の三類が区別され、梵天はその総称である。

5　帝釈身。
帝釈天である。〝天〟という語は、サンスクリット語の〝デーヴァ（神）〟を訳したもの。日本語に〝天神〟ということばがあるように、〝天〟も、〝神〟も同義語である。インド神話の雷霆神であるインドラが、仏教にとり入れられて帝釈天となった。もとは雷の神さまであるから、非常に武勇にすぐれている。古代インド社会では、インドラは武人の神とされていた。日本においても、帝釈天は武人の神として信仰された。

前項でも述べたように、梵天・帝釈天は仏教の二大護法神である。ことに『法華経』の信者をよく守護してくれると考えられたところから、とくに日蓮宗においてこの二神を尊崇する。ところが、いつも並列される梵天・帝釈天であるが、この二神はその支配する領域が少し異なるのである。帝釈天は「地居天（じご）」であって、この地上世界に住んでいる。そして、欲界の神である。欲界とは、欲望の世界である。この欲界を超越したところに色界（しき）がある。〝色界〟とは「物質」のことで、欲界の婬欲を離れた物そのものの世界が色界である。梵天はその色界の神で、「空居天（くうご）」すなわち空中に住んでいる神である。

6　自在天身。

7　大自在天身。

自在天も大自在天も、ともに欲界の神である。大自在天は、もとはインド神話のシヴァ神であり、シヴァ神は暴風神である。したがって、強烈な破壊力をもった神である。

8　天大将軍身。

天大将軍とは、転輪聖王（てんりんじょうおう）のことである。転輪聖王とは、これもインド神話に出てくる理想の帝王をいう。釈尊が生誕されたとき、ヒマラヤの山からアシタ仙人がやってきて、産

まれたばかりの太子（釈尊）の未来を占って、

「この人物は在家のままで成育すれば、偉大な転輪聖王となり、出家せば人類を救済する仏陀とならん」

と言ったことは有名である。地上の正義を象徴する人物である。

9　毗沙門身。

毗沙門天（毘沙門天）は、やはり仏法を守護する天部の神で、四天王の一つである。仏教の宇宙観によると、世界の中心に須弥山というものすごく高い山がそびえているという。その須弥山の頂上には帝釈天（5の帝釈身である）が住み、中腹にその外将である四人の天王がいて、東西南北の四方の世界を守護するという。これが四天王であり、四天王の分担する世界は、

東方……持国天。

南方……増長天。

西方……広目天。

北方……多聞天。

である。この北方を守護する多聞天が、毗沙門天の別名なのだ。したがって、四天王はまた「護世四天王」とも呼ばれる。

多聞天（毘沙門天）は、仏教の道場を守護する神であり、そのため説法を聞く機会が多いのでその名がある。財宝と福徳のほか、子宝をも授けるとされ、日本では七福神の一つとしても尊崇されている。

10　小王身。
小王とは、地上世界、すなわち人間世界の王である。つまり国王だ。

11　長者身。
長者とは、富豪、資産家のこと。仏教では、コーサラ国の首都＝舎衛城の地に祇園精舎（ぎおんしょうじゃ）を建立して釈尊に寄進した須達（しゅだつ）長者（スダッタ長者）が有名である。彼は精舎を建立する土地を購入するために、その土地に黄金を敷きつめて代金としたという。インドには、古代から、どえらい長者がいた。日本の長者なんて、逆立ちしても及ばない。聞くところによると、日本では、一千万円の所得があれば「長者番付」に載るそうだ（初版発刊当時）。その程度の〝長者〟は、この『観音経』の〝長者〟には入らないと思うんだがなァ……。しかし、その程度の〝長者〟にもなれない、われわれ庶民はみじめだよね。でもさ、あまりそんなことは言わないでおこう。それは第三章に出てきた三毒の一つの「貪欲（とんよく）」である。さもしい心である。

12　居士身。

居士もまた資産家である。したがって、長者と同じであるが、とくに仏教に帰依した男性の在家信者を〝居士〟と呼ぶ。戒名の位号に、この〝居士〟号がつけられることから、わりとよく知られた名称である。しかし、居士は昔から、

一、仕官をもとめてはならぬ（つまり、公務員や軍人、政治家になってはいかん）。

二、欲を寡くして、その徳を包みかくせ。

三、資産がなければならぬ（居食できるほどの財産がないと人間はついさもしい心を起こして公務員になったりする）。

四、仏道を行じて悟る。

の四つの条件を備えていなければならぬとされている。だとすれば、現在の戒名では、〝居士〟号はちょっと安売りされていると思うんだがなァ……。

13　宰官身。

さきほどは公務員はダメ……と言ったが、公務員の方は安心していい。この宰官とはお役人であり、ほかならぬ公務員である。

14　婆羅門身。

古代インドの四姓制度（身分制度）における最上位の階層が婆羅門である。婆羅門階級といえば、いわゆる「インテリ階級」だと思えばよいだろう。

15　比丘身。

16　比丘尼身。

17　優婆塞身。

18　優婆夷身。

この四つは、「サンガ（仏教教団）の四衆」と呼ばれて、仏教教団を構成する人々である。比丘は男性の出家者で、二百五十戒を保つ人。比丘尼は女性の出家者で、女性の場合は男性のより多い三百四十八戒を守らねばならない。優婆塞は男性の在家信者で、女性が優婆夷である。優婆塞・優婆夷は、出家者を財的にバックアップするのが役目。

19　長者婦女身。

20　居士婦女身。

21　宰官婦女身。

22　婆羅門婦女身。

長者、居士、宰官、婆羅門の妻である。観音さまは性を超越した存在であられる。しかし、性を超越した存在であっても、現実にわれわれの前に姿をとって現われるときには、性別が問題となる。だから観音さまは、男性として出現されると同時に、その妻＝女性となって現われるのだ。それによってしか、現実には性を超越できない――。

23 童男身。

24 童女身。

これについては、説明する必要がないだろう。子どもの可愛さというものは、言語を絶している。その可愛い子どもに姿を変えて、観音さまはわれわれを救ってくださるのだ。読者のなかには、ひょっとしたら可愛いわが子を亡くされた方がおられるかもしれない。そうであれば、こんなふうに考えてはいただけないか。あの子は、わたしたちに仏縁を教えてくれるために現われてくれた観音さまの化身なのだ、と。

25 天 身。

〝天〟といえば、すでに述べたように（5の帝釈身を参照）、「神」と同義である。しかし、ここでの〝天〟は、「鬼神」のことであろう。すなわち、われわれを守護してくれる霊的存在である。

26　竜　身。

竜といえば、体は大蛇に似て、背には鱗があり、四本足で指は各五本。頭に二本の角があって、顔は長くて耳があり、口ひげがある……と説明される。しかし、それは中国の竜だ。仏典に出てくる竜は、同じ想像上の動物でもインド産のもので、どうやらキング・コブラが基体になっている。

27　夜叉身。

夜叉はすでに『観音経』のなかに出てきた。第二章の「七難」のうちの第六・鬼難のところ（七五頁）であり、「夜叉・羅刹」と並記されてあった。そこでも説明したが、夜叉はいわゆる悪鬼である。けれども、わたしたちがその悪鬼に出会って、「南無観世音菩薩！」と称名することができれば、悪鬼はわたしたちにそうした仏縁をつくってくれた恩人となる。つまり、善―悪というものは、すべて相対的なものだ。われわれはそんな相対的なものにこだわっていては、大事なことを見落としてしまう。善神だとか悪神だとかいった区別は、われわれ凡夫が勝手につくりあげた観念でしかない。存在そのものは「空」である。それがわかったとき、観音さまが夜叉に身を変じてわれわれの前に現われてくださる真意が理解できるのではなかろうか。

28　乾闥婆身。

サンスクリット語名を〝ガンダルヴァ〟という。ヒンドゥー教の神話では、このガンダルヴァはインドラ神の宮殿に住む一群の楽師とされている。それが仏教にとり入れられて、帝釈天の雅楽を司る神とされた。帝釈天とインドラ神は同じ神さまだから、そうなって当然である。なお、乾闥婆は虚空中を飛行しながら奏楽するという。飛天の一種である。

29　阿脩羅身。

阿脩羅（阿修羅）は、ほんらいは正義の神であった。しかし彼は、正義にこだわりすぎたのである。正義にこだわって、彼は怒りを燃やした。他人の不正を許せなかったのである。そのため、彼は神々の座から追放されて、ついに魔類とされた。しかも、魔類となりながらも、彼はなおも正義の怒りを燃やしつづけている。阿脩羅はそういう存在である。

なお、仏教のことばでは、語頭にあたる〝阿〟の字は省略されることが多い。その結果、阿弥陀仏は〝弥陀仏〟とされ、阿羅漢は〝羅漢〟と呼ばれる。それと同じで、阿脩羅もしばしば〝脩羅〟と表記される。また、悲惨をきわめた戦乱・闘争の場所を〝修羅場〟といい、さらに芝居・講談などでの戦いの場面を〝修羅場〟というが、それは阿脩羅が怒りの神であり、つねに争闘を好むところからくる。

正義の神の阿脩羅が魔類とされるところから、仏教は不正に与するのか……といった質問をうけることがある。しかし、いくら仏教でも、わざわざ不正に与するはずはない。ただ仏教は、正義の旗を掲げる者の狭量さを不可とし、他人に対する思いやりのなさを不可とする。そして、正義にこだわるな、と教えているのである。それは、正義といい、不正というも、いずれも相対的なものだからである。絶対の正義なんて、およそこの娑婆世界ではあり得ぬ。そこのところを忘れてもらっては困るのだ。

30　迦楼羅（かるら）身。
迦楼羅はまた〝金翅鳥（こんじちょう）〟とも呼ばれる。インド神話に出てくる空想の鳥類で、鳥類の王とされる。須弥山の四方の海を飛びまわり、竜を食うという。

31　緊那羅（きんなら）身。
美声の歌神で、馬頭人身あるいは人頭馬身の鬼霊である。ヒマラヤ山中に住むという。

32　摩睺羅伽（まごらか）身。
別名を〝大胸腹行〟というように、「地をはらばうもの」の意で、うわばみの一種とされる。ともあれ、蛇神である。

さて、ここでちょっと『観音経』の経典の文句を見ていただきたい。いま述べたところは、原文には、

《応以天。竜。夜叉。乾闥婆。阿脩羅。迦楼羅。緊那羅。摩睺羅伽。人非人等身。得度者。即皆現之。而為説法。》

〔まさに天、竜、夜叉、乾闥婆、阿脩羅、迦楼羅、緊那羅、摩睺羅伽、人非人等の身をもって、度うことを得べき者には、すなわち皆これを現じて、しかも為に法を説く。〕

とある。したがって、その順序でいえば、〝摩睺羅伽〟の次には〝人非人〟がくるわけである。そして、この人非人が観音さまの第三十三番目の変化身になると考えられる……。

だが、それはちがうのだ。

じつは、〝人非人〟というのは、天竜等の八部衆（〝天竜八部衆〟）の総称である。天竜八部衆はまたたんに〝八部衆〟ともいい、『観音経』のここのところに出てくる〝天〟以下の八つの変化身を総称したものである。すなわち、①天、②竜、③夜叉、④乾闥婆、⑤阿脩羅、⑥迦楼羅、⑦緊那羅、⑧摩睺羅伽である。これらの八類は、明らかに人間ではないので「非人」とされるが、しかし彼らも仏の前に詣でる時には人間の姿をとる

ので、〝人非人〟と呼ばれるのである。

そういうわけで、人非人は観音さまの三十三身のうちには数えない。観音さまの第三十三番目の変化身は、次の執金剛神（しゅうこんごうしん）である。

33 執金剛神身。
「金剛杵（こんごうしょ）（不可破壊の武器）を持つ神」の意で、また金剛力士とも呼ばれる。仏さまのガードマンである。仁王（におう）さんというのは、この執金剛神の像である。

観音さまは〝施無畏者〟

以上で三十三身の解説は終わった。だが、あらためて三十三身を読み返してみると、われわれはそれがどうも恣意（しい）的に選ばれているように思えてならない。たとえば、ここになぜ「庶民」が入っていないのか……。選択の基準がちょっとデタラメに思われる。

しかしまあ、これはこれでいいのかもしれない。

というのは、観音さまの変化身は無限にある。さまざまな姿をとって、われわれの前に現われてくださるのだ。その無限の変化身を洩れなく列挙するのは不可能である。となれば、思いつくままに列挙してみて、どうせどこかで打ち止めにする。それしか方法がないのかもしれない。

その打ち止めにしたところが、三十三身である。

したがって、三十三身は、無限に拡がって行く数の象徴である。

そう読めば、〝三十三〟というのはいい数字である。ラッキー・ナンバーであろう。わたしたちは、そう受け取ることにしたい。

さて、観音さまの三十三身を挙げられたあとで、お釈迦さまは無尽意菩薩に次のように語られている。つづけて経典を読んで行こう——。

《無尽意。是観世音菩薩。成就如是功徳。以種種形。遊諸国土。度脱衆生。是故汝等。応当一心。供養観世音菩薩。是観世音菩薩摩訶薩。於怖畏急難之中。能施無畏。是故此娑婆世界。皆号之為。施無畏者。》

〔無尽意よ、この観世音菩薩は、かくのごときの功徳を成就して、種々の形をもって、諸の国土に遊び、衆生を度脱たもう。この故に、汝らよ、まさに一心に観世音菩薩を供養すべし。この観世音菩薩摩訶薩は、怖畏急難の中において、よく無畏を施したもう。この故にこの娑婆世界に、皆これを号して施無畏者と為す。〕

——観音さまは、さまざまな姿となってこの娑婆に出現され、そしてわたしたち衆生を救ってくださる。だから、あなたたちは一心に観音さまに供養しなさい。観音さまは、怖畏急難のときに――（わたしたちが恐怖や困難に遭遇したときに）――、わたしたちに「無畏」を施してくださる。だから、わたしたち娑婆世界に住む人間は、この観音さまのことを〝施無畏者〟とお呼びするのだ。

このように、釈尊が無尽意菩薩に語られたのであった。そして以上が、観世音菩薩についての説明である。つまり、『観音経』の冒頭で無尽意菩薩が釈尊に尋ねられた質問――「観世音菩薩は、どうして〝観世音〟と呼ばれるのですか？」――に対しての釈尊の説明が、以上で終わるのである。

観音さまは、別名を〝施無畏者〟という。なぜなら、観音さまはわたしたちを恐怖（畏）から救ってくださるからである。この娑婆世界は恐怖でいっぱいだ。しかし、観音さまの名（みな）を呼べば、ただちに観音さまはわたしたちをその恐怖から救い出してくださるのである。だから、観音さまは〝施無畏〟である。わたしたちはそのことを忘れずにおきたい。忘れずにいて、いつも困難や恐怖に出会ったときには、観音さまの名（みな）を呼ぼうではないか……。

六観音、七観音

この章を閉じる前に、もう一つだけ言っておきたいことがある。

観音さまは無限の変化(へんげ)身を持っておられる。ありとあらゆるものに姿を変えて、われわれの前に出現される。三十三身は、観音さまのその無限の変化身の代表例である。……といったことをわれわれは学んだのであるが、そこで一つの疑問が生じる。では、観音さまのほんとうの姿はなにか？

ほんとうのお姿……。つまり、こういうことだ。たとえば観音さまは、帝釈天の姿にもなられる。だからといって、帝釈天を描いて観音さまとすることはできぬだろう。帝釈天はあくまで帝釈天である。とすれば、観音さまを描くには、なにをもって描けばよいか……？

つまりこれは、造像の問題である。

観音さまのお姿の基本は、六観音ないし七観音である。六観音は、天台宗と真言宗とでは少しちがっている。聖(しょう)観音、十一面(じゅういちめん)観音、千手(せんじゅ)観音、不空羂索(ふくうけんじゃく)観音、馬頭(ばとう)観音、如意輪(にょいりん)観音を六観音とするのが天台宗で、真言宗では如意輪観音の代わりに准胝(じゅんてい)観音を加える。また、共通する五観音に如意輪観音と准胝観音を加えれば七観音となる。この七観音について、ほんの少しだけコメント（注釈）を加えておく。

1　聖観音……聖観音が基本となる観音さまで、〝正観音〟とも呼ばれる。

2　十一面観音……頭上に十一面をつけた観音さまである。本体のお顔（本面）のほかに頭上に十面をつけ、合わせて十一面とするのが通例であったが、のちに頭上に十一面、合わせて十二面とするようになった。天平時代の聖林寺の十一面観音は十一面で、法華寺の十一面観音は十二面である。

3　千手観音……正しくは、〝千手千眼観自在菩薩〟という。衆生救済のために、千の手と千の眼をもっておられる観音さまだ。しかし、実際に千本の手を造像することは困難なので、平安時代以後は本体の二本の手のほかに四十本の小さな手を加える四十二臂(ぴ)体が普通となった。

4　馬頭観音……馬の頭を頭上につけた観音さまで、忿怒(ふんぬ)の相をしている。いっさいの魔障(ましょう)をうちくだき、悪人をこらしめるのがその使命。やさしい観音さまというイメージは、この像からは感じられぬ。ふつうは三面六臂で造像される。

5　不空羂索観音……〝羂〟は鳥をとる網、〝索〟は魚をつる糸のこと。苦海に沈む衆生を、観音さまが羂索でもって救い、しかも失敗がない（不空）ところから、その名がある。その像のつくり方は一定していない。

6　如意輪観音……平安以前の如意輪観音は一面二臂の思惟形で、しばしば弥勒(みろく)菩薩と混同された。平安以後は一面六臂で造像され、手に如意宝珠と法輪を持つ。

7　准胝観音……別名を〝准胝仏母〟〝七倶胝仏母〟といい、過去無量の諸仏を生み出した母なる観音とされる。頭上の宝冠には化仏をつけない。

以上、造像の基本となる七観音であるが、観音像にはこのほかさまざまな像がある。白衣観音、子安観音、雷除け観音、身代り観音、遊女観音、マリア観音、……等々、きりがない。観音さまが無限の変化身をもっていられることが、これによっても証明される。なお、観音像の第一の特徴は、宝冠に化仏をつけていることである。ただし、准胝観音だけは例外である。そこで、准胝観音を観音のうちに加えない学者もいる。

浄らかなる布施

無尽意菩薩は、仏に白して言さく、「世尊よ、我今当に観世音菩薩を供養すべし」と。即ち頸の衆の宝珠の瓔珞の価直百千両金なるを解きて、而して以て之を与えて、是の言を作す。「仁者よ、此の法施の珍宝の瓔珞を受けたまえ」と。時に観世音菩薩は、肯て之を受けたまわず。無尽意は、復観世音菩薩に白して言さく、「仁者よ。我等を愍れむが故に、此の瓔珞を受けたまえ」と。爾の時に、仏は観世音菩薩に告げたもう。「当に此の無尽意菩薩及び四衆、天、竜、夜叉、乾闥婆、阿脩羅、迦楼羅、緊那羅、摩睺羅伽の人非人等を愍れむが故に、是の瓔珞を受くべし」と。即時に観世音菩薩は、諸の四衆、及び天、竜、人非人等を愍れみて、其の瓔珞を受けて、分って二分と作し、一分を釈迦牟尼仏に奉り、一分を多宝仏の塔に奉る「無尽意よ、観世音菩薩は、是の如きの自在神力有りて、娑婆世界に遊ぶ。」

＊　＊　＊

真珠のネックレス

仏教の経典を読んでいて、ときどきわかったようでわからない個処に出くわす。そこに書かれてある文字そのものの意味は難解でないのだが、なぜそのようなことが説かれているのか、いっこうに納得できないのである。

いや、納得できないという表現は、お経に説かれている内容をわたしが勝手に解釈しているように受け取られてまずい。わたしは、わたしの常識でもって経典を読んでいるのではない。そんなことは、これまでしてこなかったつもりだ。常識でもって経典の当否を判断できるなどとは、わたしは思っていない。わたしはお経に学び、経典から教えていただいているのである。

そうではあるが、ときに、どうしてもわからないと感ずる個処に出会うことがある。この章においてわれわれが読もうとしている『観音経』の一段がそれである。いったいどういうところがわからないのか、経典を読みながら話すことにする。

《無尽意菩薩、白仏言。世尊。我今当供養。観世音菩薩。即解頸衆宝珠瓔珞。価直百千両金。而以与之。作是言。仁者。受此法施。珍宝瓔珞。時観世音菩薩。不肯受之。》

〔無尽意菩薩は、仏に白して言さく、「世尊よ、我今まさに観世音菩薩を供養すべし」と。すなわち頸の衆の宝珠の瓔珞の価直百千両金なるを解きて、しかしてもってこれを与えて、この言を作す。「仁者よ。この法施の珍宝の瓔珞を受けたまえ」と。時に観世音菩薩は、肯てこれを受けたまわず。〕

「無尽意菩薩よ、観世音菩薩の功徳はかくも大きいのだ。だから、あなたがた衆生は、一心に観世音菩薩を供養すべきである」

釈尊は、観音さまについての解説の終りをそう結ばれた。そこで、その釈尊の忠告によって、無尽意菩薩が行動されたのである。すなわち、無尽意菩薩は、

「いま、わたしがその供養をさせていただきます」

と言われて、ただちに頸（くび）にかけられていた宝珠（ほうじゅ）の瓔珞（ようらく）をはずし、それを観世音菩薩に差し出されたのであった。宝珠の瓔珞とは、宝石や真珠でつくった装身具である。頸飾りといってもよいが、文字の上では〝瓔〟は頸の部分の飾りで、〝珞〟は胸の部分の飾りである。サンスクリット語（梵語）のテキストだと、ここは「真珠の頸飾り」になっている。百千両金という高価なネックレスを、無尽意菩薩が観音さまに差し出されたわけだ。

「仁者（あなた）よ、この法施を受け取ってください」

そう無尽意菩薩が言われた。しかし、観音さまは、それを受け取ることを拒否された、と経典に書かれてある。ここのところで、二つの疑問がある。

一つは、真珠のネックレス（にしておく）であれば、それは「財施」である。なのに、無尽意菩薩はそれを「法施」と言っておられる。なぜか……？　もう一つの疑問は――こちらのほうが問題は大きいが――、なぜ観音さまは受け取ることを拒否されたのか？……

である。

●財施か、法施か

第一の疑問は、それほど深刻に考えることはない。

布施——ということばは、たとえば『広辞苑』には、

「ふせ〔布施〕（梵語 dāna の訳。檀那は音訳）①人に物を施しめぐむこと。②僧に施し与える金銭または品物」とあるが、しかしこれはまちがっている。なぜなら、布施をするとき、「俺がお前にめぐんでやってるんだ」という気持ちがあれば、それはほんとうの布施にならないからである。ほんとうの布施というものは、……。いや、このことについては、あとで述べることにする。

『広辞苑』の誤りは、それだけではない。たしかに、信者が僧に財物・金銭を施すことも布施であるが、それは、〝財施〟であって布施の一部である。その反対に、僧が信者に教え（法）を説くのも重要な布施であり、これは〝法施〟と呼ばれる。さらに、前章の終りに、観世音菩薩は別名を、〝施無畏者（せむいしゃ）〟と呼ばれるとあったが、この無畏を施す（無畏施）も立派な布施なのだ。したがって、布施には三種あると考えられる。

1　信者から僧への財物・金銭の布施……財施。

2　僧が信者に教えを説く……法施。

3　菩薩が衆生にあたえてくださる……無畏施。

これが布施の区別である。

そこで、この区別からすれば、無尽意菩薩は真珠のネックレスを贈られたのであるから、それは「財施」と呼ぶのがほんとうだということになる。にもかかわらず、無尽意菩薩はそれを「法施」と呼んでおられるのであるが、それはいったいどういう理由(わけ)であろうか？……というのがわれわれの疑問であった。

けれども、「財施」だとか「布施」だとか言うのも、いちおうの区別であって、わたしたちはそんな区別に過度にこだわる必要もないだろう。たとえば、わたしたちが他人にやさしいことばをかける（愛語）のも、そのことばによって他人の気持ちがなごむとすれば、それも立派な布施である。ことばでなくともよい。いつもにこにことやさしい顔をしている（和顔(わげん)）のだって、立派な布施なのだ。そして、そうしたやさしいことばや顔つきといったものは、財施であろうか、法施であろうか……あるいは無畏施であろうか？　どちらかといえば、それは無畏施にちかいとわたしは思うが、しかし必ずしもそんなふうに分類する必要もあるまい。無尽意菩薩の布施だって、無尽意菩薩がそれを財物として見ておられないのであれば、べつだん「財施」に分類する必要もないではないか……、というのが、わたしの考え方だ。いちおう、そのようにしておこう。

衆生を愍れむが故に……

だが、もう一つの疑問は、そう簡単には行かない。

観音さまは、なぜ無尽意菩薩の布施を受け取られなかったか……？　これについては、さまざまな説明がなされてきた。

観音さまは、すでにネックレスを持っておられるから……というのも、一つの見解である。たしかに、そう言われればそのとおりだが、しかしわたしは、こういう見方にあまり賛成でない。そんなことを言えば、あまり財物をお持ちでないお地蔵さん——地蔵菩薩——は、「はい、ありがとう」と、喉から手を出してお受け取りになる……ことになってしまう。ちょっとお地蔵さんに気の毒だ。それに、人がものを呉れるというときに、わたしはもっと上等の品を持っていますからいりません、と言うのは、やはり失礼であろうよ。相手の好意に水をぶっかけたことになる——。

観音さまは貰う立場におられないから……という解釈もある。わたしはこの解釈のほうに賛成する。そう解釈したほうが、次に釈尊の忠告によって真珠のネックレスを観音さまが受領されたことの意味がよくわかると思う。

そこで、もう少し経典を読み進めてみる。

《無尽意。復白観世音菩薩言。仁者。愍我等故。受此瓔珞。爾時仏告。観世音菩薩。当愍此無尽意菩薩。及四衆。天。竜。夜叉。乾闥婆。阿脩羅。迦楼羅。緊那羅。摩睺羅伽。人非人等故。受是瓔珞。》

〔無尽意は、また観世音菩薩に白して言さく、「仁者よ、我らを愍れむが故に、この瓔珞を受けたまえ」と。その時に、仏は観世音菩薩に告げたもう。「まさにこの無尽意菩薩とおよび四衆、天、竜、夜叉、乾闥婆、阿脩羅、迦楼羅、緊那羅、摩睺羅伽の人非人等を愍れむが故に、この瓔珞を受くべし」と。〕

無尽意菩薩は、観音さまにこう言われている――「われらを愍れむが故に、布施を受けてください」と。われら……というのは、ひとり無尽意菩薩だけではないことを暗示している。自分はその代表で、自分の背後にはこの布施をなす衆生たちがいっぱい控えている。そういう意味なのである、これは……。

そして、釈尊が、その無尽意菩薩の発言を応援してくださっている。「観音菩薩よ、まさに無尽意菩薩の言うとおりなんだよ。彼だけではなく、比丘、比丘尼、優婆塞、優婆夷の四衆がいる。それに天竜八部衆がいる。それらの衆生に対する愍れみの故に、あなたは布施を受けるべきだ」と、釈尊が側面からそう忠告されたのである。

それで、観音さまはその瓔珞（ようらく）を受け取られた。受け取られて、……。いや、そのあとどうされたかについては、これから読むところである。その前に、われわれは、「衆生を愍れむが故に……」といった表現の意味するところを、少しく検討してみよう。

三輪清浄の布施

観音さまが布施を受ける立場にない――ことは前に述べた。少なくとも、観音さまはご自分でそう判断されて、それで無尽意菩薩の布施を辞退されたはずである。わたしはそう考えた。

では、なぜ観音さまは、ご自分が布施を受ける立場にないと考えられたのであろうか……？

それは、布施というものの本質を考えればわかることだ。

布施は、自分のためにする仏道修行である。わたしはそう思っている。わたしたちの心のなかにある物欲――仏教では、それを貪欲（とんよく）と呼び、三毒の一つとしていることは第三章で述べた――を捨てるためになす行為が、布施である。

人間というものは、財を持てば持つほどケチになるものだ。それは、わたしみずからの体験と見聞を合わせてみて、たしかにそうだと思う。貧しいときのほうが、わたしたちはむしろ心がゆたかであったのではないか……。

わたしたちは、布施によって、そのケチの心、貪欲の心、物惜しみする心を捨てさせていただくのである。その物を必要としている人に気持ちよく物をあげられたときの心の清々しさは、きっと読者にもおぼえがあろう。布施することによってそんな清々しい気持ちが得られるのだから、布施は自分のためにする行である。自分の物欲を捨てさせていただくための仏道修行である。

したがって、布施は相手のためにするものではない。困っている人に、めぐんでやるのではない。そんな気持ちが少しでもあれば、布施は完全なものにはならない。

古来、「三輪清浄の布施」ということが言われている。布施において大事なのは、与える人の心が清らかでなければならぬのはもちろん、受ける側に卑屈な気持ちがあってはならない。物品を貰って、それによって恩義を感じ、それを重荷に感じるようでは、それは布施ではなくめぐみなのだ。右や左の旦那さま、どうかオメグミを……であって、一種の乞食行為になる。それが布施であるためには、与える人、受ける人、そして両者のあいだにある物そのものが清らかでなければならぬ。それが「三輪清浄の布施」なのだ。

ともあれ、布施という仏行が、自己のためにするものであることを、しっかりと心にとどめておいてほしい。

ところで、観音さまである。

観音さまは、〝施無畏者〟の別名を持っておられる。それは、われわれに無畏――怖れなきこと――を施してくださるからだ。すなわち、わたしたち衆生に、観音さまは無畏を布施してくださっているのである。

では、なぜ観音さまは、われわれに布施してくださるのか……？

答えはただ一つ。観音さまはご自分の仏道修行のために、布施をなさっておられるのである。そうとしか考えられないのである。

だからこそ、観音さまは無尽意菩薩からの供養を拒否されたのだ。ご自分の仏行としてやっておられるのに、そこで供養を受けてしまうと、修行が修行でなくなってしまう危険があるからだ。下手をすれば、それは一種の報酬になってしまう。はい、あなたの恐怖心を取り除いてあげました。代金はいくらいくらです……。まさか観音さまが商売をされるはずはないが、衆生の側でそう見てしまう危険もあるだろう。

それで、観音さまは辞退されたのである。

それがわたしの考えるところである。

観音さまを通じてほとけさまへ

観音さまが辞退された理由は以上で説明できたと思うが、それではお釈迦さまが翻意をすすめられたのはどういうわけか……？　もう一つ、その問題が残っている。

それは、こういうことだと思う。

釈尊は、衆生を愍れんで、その供養を受けてあげなさい――と言われた。観音さまが供養を受けてくださらないと、衆生のほうでは布施することができなくなるからだ。むしろ、布施によって物欲を捨てねばならぬのは、観音さまよりもわれわれ凡人のほうである。そのわれわれ衆生が布施する機会は、観音さまにつくっていただくよりほかない。だから、釈尊は観音さまに、無尽意菩薩の布施を受けるようにと忠告されたのである。

そして、観音さまは、そのお釈迦さまの忠告に従われた……。そこのところを読んでみよう。

《即時観世音菩薩。愍諸四衆。及於天。竜。人非人等。受其瓔珞。分作二分。一分奉釈迦牟尼仏。一分奉多宝仏塔。無尽意。観世音菩薩。有如是自在神力。遊於娑婆世界。》

〔即時に観世音菩薩は、諸の四衆、および天、竜、人非人等を愍れみて、その瓔珞を受けて、分って二分と作し、一分を釈迦牟尼仏に奉り、一分を多宝仏の塔に奉る。「無尽意よ、観世音菩薩は、かくのごときの自在神力ありて、娑婆世界に遊ぶ。」〕

わたしたち衆生に対する愍れみの故に、観音さまは無尽意菩薩から真珠のネックレスを受け取られたのである。そして、そのネックレスを二つに分けて、一つをお釈迦さまに、もう一つを多宝仏の塔にたてまつられた。多宝仏というのは、はるかな昔の過去仏である。この仏は、『法華経』の教えが真実であることを証明すべく、釈迦牟尼仏が『法華経』を説いておられるときにこの世界に出現されたのである。多宝仏は、塔の中で結跏趺坐（坐禅）の姿勢で出現され、その塔の中に釈迦牟尼仏を招き入れられて、そして二人で並んで座っておられた。それで観音さまは、並座しておられる二仏に、ネックレスを二分して供養されたのである。

これは、象徴的な話である――。

ネックレスは、わたしたち衆生を代表して、無尽意菩薩が観音さまに差し上げたものだ。そのネックレスを、観音さまは釈迦牟尼仏と多宝仏に供養されたのである。

ということは、わたしたちが観音さまに供養する布施は、必ずほとけさまの許にとどけられることになるのだ。それがこの話の意味するところである。そのように解すれば、『観音経』が何をわたしたちに教えてくれているかがよくわかるのである。

わたしたちは、仏道修行として布施を行じなければならない。しかしその布施は、必ずしも財施でなくともよい。電車の中で隣り合わせた人に、ほんの少し腰をずらせて気持ちよく座っていただくのも、一つの布施行だ。踏切りで遊んでいる子どもに、やさしく注意のことばをかけてあげるのも、やはり布施行である。そして、あなたの隣りに座った人は、ほかならぬ観音さまの化身である。踏切りで遊んでいる子どもは、観音さまが童男童女となって現われてきてくださったのだ。わたしたちに布施という大事な仏道修行をさせてやろうとして、わざわざそうした姿で現われてくださったのである。

そして、わたしたちがさせていただいた布施は、ありがたいことに、観音さまを通じてほとけさまに届く仕組みになっている。だから、わたしたちは安心して布施をさせていただけるのだ。

さらに、――。

さらにありがたいことには、観音さまのほうからわたしたちに対して、「無畏」を布施してくださっているのだ。そのことを、わたしたちは忘れずにおきたい。そして、人生の困難や恐怖に直面したとき、観音さまの名（みな）を呼んで、観音さまにおすがりしよう。そうすれば必ず、わたしたちは困難や恐怖から脱することができる。

観音さまは、そういうお方である。

「かくのごとき自在の神力ありて、観世音菩薩はわれらの娑婆世界に遊ぶなり」――観音さまは、そんな菩薩である。

第八章

詩による応答

爾の時に無尽意菩薩は、偈を以て問うて曰く、

「世尊は妙相を具えたもう。我今、重ねて彼を問いたてまつる。仏子は何の因縁ありて、名づけて観世音と為す。」

妙相を具足したまえる尊は、偈をもって無尽意に答えたもう。「汝よ、観音の行の善く諸の方所に応ずるを聴け。

弘誓の深きこと海の如く、劫を歴るとも思議せられず。多く千億の仏に侍えて、大清浄の願を発せり。

我、汝の為に略して説かん。名を聞き、及び身を見、心に念じて空しく過ごさざれば、能く諸有苦を滅せん。

仮使、害意を興して、大火坑に推し落とされんにも、彼の観音の力を念ずれば、火坑を変じて池と成らん。

或は巨海に漂流して、竜魚諸鬼の難あらんに、彼の観音の力を念ずれば、波浪も没すること能わず。

或は須弥の峯に在りて、人の為に推し堕されんも、彼の観音の力を念ずれば、日の如くにして虚空に住せん。

或は悪人に逐われて、金剛山より堕落せんに、彼の観音の力を念ずれば、一毛をも損すること能わず。

或は怨賊の繞みて、各刀を執って害を加うるに値わんに、彼の観音の力を念ずれば、咸く即ちに慈心を起こさん。

或は王難の苦に遭いて、刑に臨んで寿終らんとせんに、彼の観音の力を念ずれば、刀は尋いで段段に壊れん。

或は囚われて枷鎖に禁められ、手足に杻械を被らんに、彼の観音の力を念ずれば、釈然として解脱るることを得ん。

呪詛と諸の毒薬に、身を害されんとされんに、彼の観音の力を念ずれば、還って本の人に著かん。

或は悪しき羅刹、毒竜、諸の鬼等に遇わんに、彼の観音の力を念ずれば、時に悉く敢て害せず。

若し悪獣に囲遶せられ、利き牙、爪の怖る可きも、彼の観音の力を念ずれば、疾く無辺の方に走らん。

蚖蛇及び蝮蠍の、気毒の煙火のごとく燃ゆるも、彼の観音の力を念ずれば、声に尋いで自ずから回り去らん。

雲りて雷鼓り、掣電き、雹を降らし、大雨を澍がんに、彼の観音の力を念ずれば、時に応じて消散することを得ん。

衆生、困厄を被りて、無量の苦、身に逼らんに、観音の妙智力、能く世間の苦を救わん。

神通力を具足し、広く智の方便を修して、十方の諸の国土に、刹として身を現わさざること無し。

種々諸の悪趣、地獄、鬼、畜生と、生老病死の苦とを、漸をもって悉く滅せしむ。

真観、清浄観、広大智慧観、悲観及び慈観あり。常に願い、常に瞻仰すべし。

無垢清浄の光ありて、慧日は諸の闇を破り、能く災の風火を伏し、普く明らかに世間を照らす。

悲体の戒は雷のごとくに震い、慈の意は妙なる大雲のごとし。甘露の法雨を澍いで、煩悩の焔を滅除す。

諍い訟えて官処を経、軍陣中に怖畏せんに、彼の観音の力を念ずれば、衆の怨は悉く退散せん。

妙音なり、観世音なり、梵音なり、海潮音なり、勝彼世間音なり。是の故に、須く常に念ずべし。

念々に疑いを生ずること勿れ。観世音は浄聖にして、苦悩死厄に於て、能く為に依怙と作らん。

一切の功徳を具して、慈眼をもって衆生を視そなわしたもう。福の聚れる海の無量なるがごとし。是の故に、応に頂礼すべし。」

爾の時、持地菩薩は、即ち座より起ちて、前みて仏に白して言さく、「世尊よ。是の観世音菩薩品の自在の業、普門示現の神通力を聞かん者は、当に知るべし、是の人の功徳は少なからざることを」と。仏、是の普門品を説きたもう時、衆中の八万四千の衆生は、皆、無等等の阿耨多羅三藐三菩提心を発せり。

* * *

偈頌による再説

大乗仏教の経典には、散文と韻文とで構成されているものが多い。散文形式を〝長行〟といい、韻文形式を〝偈頌〟というが、前半の部分を長行で説き、後半を偈頌でもって説くのである。そして、ほとんどの場合、偈頌の部分は内容的に長行の部分の繰り返しとなっている。

同じことを説いているのなら、その繰り返しの部分は不要ではないか……。そうも考えられる。けれども、繰り返すことによって、聴衆の印象は増幅されるのである。それに、完全に同じことの繰り返しではない。いや、まったく同じことを二度繰り返して話すなんてことは——テープレコーダーにでもよらないかぎり——、むしろ至難のわざである。同じことを繰り返しているつもりでも、あんがい新しいことを言っているものだ。

ましてや、お経の場合は、散文で言ったことを韻文で繰り返すのである。同じ狂言を歌舞伎でやるのと、浄瑠璃でやるくらいのちがいがある。したがって偈頌による再説には、それなりの意味がある。

われわれの『観音経』も、この偈頌による再説の部分があり、それがこれからはじまるのである。この偈頌は、昔から「世尊偈」と呼ばれている。「世尊……」の語ではじまるからである。

ここで、ほんのちょっとだけ文献学的なことに触れておく。『観音経』が『妙法蓮華経』中の一品（一章）であることはすでに言ったが、じつは鳩摩羅什（あるいは羅什ともいわれる）が訳した『妙法蓮華経』の「普門品」――すなわち『観音経』――には、この「世尊偈」はなかったのである。後世の人（何人かは不明）が羅什訳に「世尊偈」を加えて、現在のごとき形とした。したがって、『法華経』の解釈で権威のあるとされる天台大師智顗が書かれた「法華三大部」や「観音玄義」「観音義疏」のうちには、この偈頌の部分は触れられていないのである。

無尽意菩薩

それはともかく、われわれはこれから「世尊偈」を読んで行こう。

ただ、その読み方であるが、基本的な問題はすでに第一章から第七章までで解説したので、ここでは偈頌において新たに提起された問題にかぎって論ずることにする。したがって、この章の構成はこれまでの章とやや異なる。一種の講話形式で論述を進めて行こうと思っている。

《爾時無尽意菩薩。以偈問曰。》
〔その時に無尽意菩薩は、偈をもって問うて曰く、〕

「その時に……」というのは、釈尊が話し終えられた時である。しかし、同時にこの「その時」は、第一章で述べた「その時」と対応している（三七頁参照）。わたしたちが新たな出発をしようとしているこの一瞬が「その時」なのだ。その時、無尽意菩薩は新たな出発をしようとして、釈尊に偈（韻文、詩）でもって問われたのである。そうでないと、同じ質問をする無尽意菩薩は、まるでいままで釈尊の話を聴いていなかったみたいではないか。

《世尊妙相具。我今重問彼。仏子何因縁。名為観世音。》
〔「世尊は妙相を具えたもう。我今、重ねて彼を問いたてまつる。仏子は何の因縁ありて、名づけて観世音と為す。」」

「世尊は妙相を具えたもう」――は、無尽意菩薩から釈尊への挨拶のことばである。妙相とは、具体的には三十二相である。釈迦牟尼仏には、凡人には見られぬ三十二の瑞相があったとされるのだ。たとえば、広長舌相（舌が長くて、のばせば額の髪のはえぎわまでとどく）、足安平相（扁平足）、四十歯相（歯が四十本！ もある）。手足縵網相（指のあいだにカエルのごとき膜がある）、馬陰蔵相（平常は男根が体中にかくれている）……など。でも、わたしにはあまり、それらが瑞相とは思えぬのだが……。ひょっとすればこれは、仏像の造像技術の問題かもしれない。たとえば、十の指を一本一本離して仏像をつくると捥げ易くなるので、指と指のあいだに膜をつくったのだろう。そして、のちにそれを瑞相にしてしまったのかもしれない。そんなふうに、わたしは推理している。

閑話休題。そのような妙相を具足しておられるお釈迦さまに、無尽意菩薩が尋ねられた。観音さま（仏子）は、どうして〝観世音〟と名づけられるのか？ この問いは、長行の部分と一致する。

《具足妙相尊。偈答無尽意。汝聴観音行。善応諸方所。
弘誓深如海。歴劫不思議。侍多千億仏。発大清浄願。》

〔妙相を具足したまえる尊は、偈をもって無尽意に答えたもう。「汝よ、観音の行の善く諸の方所に応ずるを聴け。弘誓の深きこと海のごとく、劫を歴るとも思議せられず。多く千億の仏に侍えて、大清浄の願を発せり。」〕

そこでお釈迦さま（妙相を具足したまえる尊）が、詩でもって無尽意菩薩の問いに答えられた。

観音さまは、千億という数多い仏に侍えられて、修行されたのである。したがって、その観音さまの行は、あらゆる方角、あらゆる場所にわたっているのである。また、千億の仏のもとで発せられた大清浄の願——弘誓の願の深きことは、まさに海のごとくであって、劫という天文学的な時間の単位でもってしても考えられないほど深いものである。

「弘誓」というのは弘き誓願の意味で、つまるところ四弘誓願である。すなわち、仏や菩薩はすべて願をたてられて修行されるのである。阿弥陀仏は四十八願をたてられたし、薬師如来には十二大願がある。しかし、そのような仏・菩薩の願をつづめるなら、結局は四つの願——四弘誓願にまとめられるのだ。したがって、四弘誓願は仏・菩薩の共通した願であるといえよう。観音さまの大清浄の願も、この四弘誓願に通じると見てよい。

四弘誓願は、

1　衆生無辺誓願度……衆生は無辺無数であるが、誓ってこれを救済度脱することを願う。

2　煩悩無尽誓願断……尽きることなき煩悩を、誓って断滅することを願う。

3　法門無量誓願学……仏教の教えである法門は無量無数であるが、誓ってこれを学び尽くさんと願う。

4　仏道無上誓願成……仏の悟り（道）は無上最上であるが、誓ってこれを達成せんと願う。

の四つである。観世音菩薩はこのような清浄の願をたてられて、多くの仏に侍えながら、自分は成仏せずに修行を積まれているのである。それは、わたしたち衆生に対する観音さまの慈悲の心のあらわれである。

《我為汝略説。聞名及見身。心念不空過。能滅諸有苦。》

〔我、汝のために略して説かん。名を聞き、および身を見、心に念じて空しく過ごさざれば、よく諸有苦を滅せん。〕

われ——とは、お釈迦さまである。お釈迦さまが観音さまの功徳を簡単に説いて（略説）あげようと言っておられる。相手は無尽意菩薩であるが、無尽意菩薩を代表にして、わたしたち衆生に向かって説法してくださっているのである。あなたがたは、観音さまの名を聞き、そのお姿を拝し、そして観音さまを心に念ずれば、必ずあらゆる苦しみから逃がれることができる。たとえば……と、つぎに、お釈迦さまは、わたしたちが人生で遭遇するさまざまな災難を列挙して、観音さまの功徳・利益を説き明かされている。

これから以下は、第二章で述べた七難の個処に対応している。しかし、偈頌においては、十二の災難が列挙されているので、「七難」ではなく「十二難」である。

《仮使興害意。推落大火坑。念彼観音力。火坑変成池。》

〔仮使、害意を興して、大火坑に推し落とされんにも、彼の観音の力を念ずれば、火坑を変じて池とならん。〕

これは「火難」である。「害意を興して……」というのは、不慮の災難ではない。相手ははっきりと、あなたに害意をもっているのだ。あなたを焼き殺さんとして、火の穴に突き落としたのだ。しかし、そんなときでも、観音さまの力を念ずれば、その燃え盛る火の穴も、たちまち池と変ずるのである。それが観音さまの奇蹟である。

火難をどう解釈するか……。実際の火の海と見るか、それとも象徴と見るか。わたしは第二章で述べたように、「火に分類される災難」と読んでいる（六〇頁参照）。したがって、実際の火による災難も、ここに含まれている。

一つだけ蛇足を加えておきたいことがある。わたしたちは他人からひどい仕打ちを受けたとき、「わたしはあの人になにも悪いことをしていないのに……」と、ぐちをこぼす。しかし、それは愚癡である。三毒の一つで、「愚かさ」のなせる発言である。前にも述べたと思うが、この世の中で結果だけがあって原因のないものはない。他人からひどい仕打ちを受けたという結果に対しては、必ずそれ相応の原因があなたにあったはずだ。それがわからないかぎり、あなたは救われないであろう。逆に、それがわかったとき、「ああ、わたしがあの人にあんなことをした。あのことは、わたしには悪気はなかったのだが、あの人にとってはやはりつらいことであったのだ。いまのこの結果は、あのことの当然の報いである。あの人を恨むのではなく、自分を反省しなければならぬ」と考えつく。そのとき、あなたにとっては、火難が消え去っているのである。

しかし、そうは言っても、わたしたちは凡人である。なかなかそんなふうには考えられない。

「念彼観音力」と「観音妙智力」

そんなとき、わたしたちは観音さまを念ずるのである。そして、観音さまにすべてをおまかせすればよい。観音さまを念ずれば、苦しみの火もたちまち消える。それが、このことばの意味なのだ。

「念彼観音力」——。

『観音経』の有名な文句である「念彼観音力」が、ここにはじめて出てきた。この句の訓み方に関しては、昔からちょっと議論のあるところだ。

「彼の観音の力を念ずれば」……他力の訓み方で、浅し。

「彼の観音を念ずる力」……自力の訓み方で、深し。

「念ずる彼の観音の力」……能所不二の妙力の訓み方で、最も深し。

と、三つの訓み方ができるという。しかし、ここではすんなりと第一の他力的な訓み方をしておこう。

《或漂流巨海。竜魚諸鬼難。念彼観音力。波浪不能没。》

「あるいは巨海に漂流して、竜魚諸鬼の難あらんに、彼の観音の力を念ずれば、波浪も没すること能わず。」

第二の難は「水難」である。これらの十二難のところは、いちいち注釈をつけるまでもないと思うので、以下に原文と読み下し文を並べて行く。

第三・堕須弥山難――

《或在須弥峯。為人所推堕。念彼観音力。如日虚空住。》

〔あるいは須弥（須弥山。古代インドの伝説上の山で、世界の中央にそびえているという）の峯にありて、人のために推し堕されんも、彼の観音の力を念ずれば、日のごとくにして虚空に住せん。〕

第四・堕金剛山難――

《或被悪人逐。堕落金剛山。念彼観音力。不能損一毛。》

〔あるいは悪人に逐われて、金剛山（鉄囲山ともいう。須弥山と同じく古代インド人の想像した山で、世界の外郭にそびえる高山）より堕落せんに、彼の観音の力を念ずれば、一毛をも損すること能わず。〕

第五・怨賊難――

《惑値怨賊繞。各執刀加害。念彼観音力。咸即起慈心。》

〔あるいは怨賊の繞みて、各刀を執って害を加うるに値わんに、彼の観音の力を念ずれば、咸く即ちに慈心を起こさん。〕

第六・刀杖難――
《或遭王難苦。臨刑欲寿終。念彼観音力。刀尋段段壊。》
〔あるいは王難の苦に遭いて、刑に臨んで寿終らんとせんに、彼の観音の力を念ずれば、刀は尋いで段々に壊れん。〕

第七・枷鎖難――
《惑囚禁枷鎖。手足被杻械。念彼観音力。釈然得解脱。》
〔あるいは囚われて杻（くびかせ）鎖（くさり）に禁められ、手足に杻（てかせ）械（あしかせ）を被らんに、彼の観音の力を念ずれば、釈然として（きれいさっぱりと）解脱ることを得ん。〕

第八・毒薬難――
《呪詛諸毒薬。所欲害身者。念彼観音力。還著於本人。》
〔呪詛と諸の毒薬に、身を害されんとされんに、彼の観音の力を念ずれば、還って本の人に著かん。〕

ちょっと注釈を加えておく。ここのところの「還著於本人」（還って本の人に著かん）をどう解釈するか……。これも昔から議論のあるところである。他人をのろったり、毒殺しようとする者は、結局自分にそののろいと毒薬がかえってくる、というのである。つまり、自分が死ぬはめになるのだが、それでは観音さまの慈悲の精神に反するのではないか、といったことを言う人がいるのだ。それも一つの理屈であろう。

わたしはときどき思うことがある。深夜の住宅街を、騒音をまき散らしながらオートバイで駈ける若者たち。乱暴な運転で、事故を起こしかねないカー・ドライバー。あやうくそれに轢かれそうになった瞬間、

「あんな野郎、電柱にでもぶつかって、死んでしまえばいいんだ！」

そんな呪詛のことばを心のなかで叫んでいる。

しかし、しばらくして、思いかえすのだ。

あの若者たちにも、父がおられ、母がおられる……。彼が不幸にも亡くなったとき、どれだけご両親は涙を流されるであろうか……と。そう考えると、簡単に彼の死を願ったりした自分が恥ずかしくなる。

「還って本の人に著かん」……どう考えても、わたしにはわからない。人を呪わば穴二つで、それでいいのかもしれない。でも、どんなことがあろうと、その人の死を願ったりしてはいけないのではないか……。ほんとうにわたしにはわからない。

わからないことを正直に告白して、これはこのままにしておく。ずるいようだが、読者のそれぞれに判断をおまかせする。

第九・羅刹難――

《或遇悪羅刹。毒竜諸鬼等。念彼観音力。時悉不敢害。》

〔あるいは悪しき羅刹、毒竜、諸の鬼等に遇わんに、彼の観音の力を念ずれば、時に悉く敢て害せず。〕

第十・悪獣囲遶難――

《若悪獣囲遶。利牙爪可怖。念彼観音力。疾走無辺方。》

〔もし悪獣に囲遶せられ、利き牙、爪の怖るべきも、彼の観音の力を念ずれば、疾く無辺の方に走らん。〕

第十一・蚖蛇蝮蠍難――

《蚖蛇及蝮蠍。気毒煙火燃。念彼観音力。尋声自回去。》

〔蚖（とかげ）蛇（へび）蝮（まむし）蠍（さそり）の、気毒の煙火のごとく燃ゆるも、彼の観音の力を念ずれば、声に尋いでおのずから回り去らん。〕

第十二・雲雷雹雨難――

《雲雷鼓掣電。降雹澍大雨。念彼観音力。応時得消散。》

〔雲りて雷鼓り、掣電き、雹を降らし、大雨を澍がんに、彼の観音の力を念ずれば、時に応じて消散することを得ん。〕

以上で十二難が終わった。『観音経』は、以上をまとめて次のように言っている。


《衆生被困厄。無量苦逼身。観音妙智力。能救世間苦。

具足神通力。広修智方便。十方諸国土。無刹不現身。

種種諸悪趣。地獄鬼畜生。生老病死苦。以漸悉令滅。》

〔衆生、困厄を被りて、無量の苦、身に逼らんに、観音の妙智力は、能く世間の苦を救わん。

（観世音菩薩は）神通力を具足し、広く智の方便を修して、十方の諸の国土に、刹として身を現わさざることなし。

（観世音菩薩は）種々諸の悪趣、地獄、鬼、畜生と、生老病死の苦とを、漸をもってことごとく滅せしむ。〕

観音妙智力――とは、観音さまの妙(たえ)なる智力である。それは智の力、すなわち悟りの力であり、ほとけの力である。わたしたちが困ったとき、苦しみに遭遇したときに、その観音妙智力がわたしたちを救ってくれるのだ。

また、観音さまは神通力をもっておられる。神通力とは奇蹟の力である。その奇蹟の力で、あらゆる世界、あらゆる国に出現されるのである。

奇蹟を受け止める心

しかし奇蹟とは、ほんとうは平凡なものではないのだろうか……。

奇蹟というものを、いかに考え、どう受けとめればよいかについては、わたしは序章で論じておいた。が、もう一度それを繰り返せば、奇蹟に二種あると思う。

一つは、たとえば、あまり勉強しないでおいて、それで大学入試に合格を期待する類である。言うなれば、僥倖(ぎょうこう)をもとめることだ。もう一つは、しっかりとした日頃の地道な努力に裏づけられた、当然の成果への期待である。期待というよりは、自分は落ちるはずがないと信ずる確信である。

なんだ、それは奇蹟ではないではないか……と言われるかもしれない。勉強して大学に合格するのは当り前ではないか……。

当り前と言えば、たしかにあまりにも当り前である。しかし、わたしは思うのだが、その当り前こそが奇蹟ではないだろうか。なぜなら、勉強しなければ彼は入試に失敗したはずであり、それを勉強するという奇蹟でもって合格したのだから……。

いや、つまりは、奇蹟はそれの受けとめ方いかんが問題なのだ。観音さまがいくら奇蹟を現じてくださっても、われわれの側でそれを受けとめることができなければ、それは奇蹟にならない。ラジオにしてもテレビにしても、電波を受けとめる受信装置が必要である。受信装置はあっても、スイッチを入れておかなければ、送られてきた電波を受けとめることはできない。したがって第一の奇蹟――僥倖――だけを奇蹟と信じていれば、結局は奇蹟があるのに、それを捉えられないことになる。奇蹟を奇蹟と捉えるためには、それだけの準備がいる。日頃の勉強が大事だということになる。

だいぶおしゃべりがつづいたが、次への伏線ともなるので、もう一つだけ言っておく。

読者は、幽霊とお化けの差をご存知ですか……？

化け物には足があるが、幽霊には足がない――というのは、正解ではない。幽霊に足のあることは、三遊亭円朝の怪談『牡丹灯籠』で、お露の幽霊が、

「陰々寂寞世間がしんとすると、いつもに変らず根津の清水の下から駒下駄の音高くカランコロン〳〵とする……」

と、音響効果つきで登場することからも推定される。駒下駄の音というのは、足がある証拠ですよ。いくら幽霊でも、手に下駄をはくわけがないやね。

幽霊とお化けの区別は、――。幽霊は人間について出現し、お化けは場所に出る。川端（かわばた）柳の下だとか、古井戸のそば、ちょっと不気味な場所に出るのが化け物で、それ故、その場所に行けば、誰にだってその化け物は見える。

他方、幽霊のほうは、特定の人に見える。佐藤さんに怨みをもつ幽霊は、佐藤さんに用事（?）があるのだから、佐藤さんの行く先々に現われる。そして、佐藤さん以外には見えない。宇佐美さんにご用のある幽霊は、宇佐美さんが父島に行けば父島に出現するだろうし、青梅（おうめ）に行けば青梅にやってくる。宇佐美さんだけが目的だから、宇佐美さんの横にわたしがいても、わたしにはその幽霊は見えないのである（じつは、昔はこういうふうに決まっていたのだ。だが、世の中は一般に乱れてしまって、近年はお化けと幽霊の区別があいまいになった。高速道路のトンネルの入口に出現する幽霊――なんてものが言われたりするようになった。世も末じゃねえ……）。

つまり、お化けは恐怖心の産物だ。誰もが気味悪く感ずる場所があり、そこに行けば誰もがびくびくするので、お化けが出てくる。出てくるお化けを、わたしたちのこころがつくりだすわけだ。

幽霊は怨念（おんねん）の産物である。あの人にすまないことをした……という後悔が、幽霊を出現させるのだ。出てこい、出てこい――（あるいは、出てくるな、出てくるな）――の心理が受信機になって、それで幽霊を呼び寄せる。だから、こちらにその心がなければ、幽霊さんの登場の機会がない――。

奇蹟だって同じなんだ。わたしたちが奇蹟を奇蹟と受けとめる心をもたぬと、結局、奇蹟はわからぬ。観音さまは奇蹟を現じてくださっているが、それがわかるのは、観音さまの奇蹟を素直に受けとめようとする人だけである。自分に受信装置のないことを棚にあげて、観音さまのせいにしてはいけない。

「観音さまは、神通力（奇蹟）を具足し、十方の国土に、刹として身を現わさざることなし」……あらゆる場所に観音さまは出現されている。受信装置さえあれば、観音さまを見ることができるのだ。

そして、観音さまは、「地獄・餓鬼・畜生の悪趣と、生老病死の苦を、漸をもってことごとく滅せしむ」……悪趣とは、六道輪廻のうちの苦しみの多い世界である。六道輪廻とは、地獄・餓鬼・畜生・修羅・人・天の六つの世界をいい、これらはすべて迷いの世界である。わたしたち凡夫は、生前になした善悪の業の果報として、死後にこの六道のいずれかに生まれるのである。それが仏教の輪廻の世界観である。

六道――六つの世界――のうちでとりわけ苦しみの多いのは、下の三つの世界、すなわち、地獄・餓鬼・畜生である。そうした世界に堕ちて苦しまねばならぬ苦と、またいま現に苦しんでいる生老病死の苦を、観音さまが滅してくださるわけだ。生老病死の苦とは、仏教で「四苦」と呼んで、人間存在の基本的な苦としている。

ところで、「漸をもってことごとく滅せしむ」――とある。これはいいことばだ。いっぺんにパァーッと消滅するわけではない。だんだんになくなって行くのである。

いっぺんにパアーッと消滅する――という考え方は、先ほど言った第一の奇蹟であろう。ろくに勉強もしないで、僥倖の合格を期待するようなものである。頓服薬的効果の期待である。だが、観音さまの奇蹟は、それとはちがう。「漸をもって」……段階的に、だんだんに苦が消滅するのである。少しずつ薬が効いてくるのだ。それがほんとうの治し方であろう。頓服薬は副作用が多すぎる。一つの病気が治っても、別の病気が副作用的に発生しないともかぎらぬ。段階を追って治療してこそ、ほんとうの健康が得られるのである。

そういったところで、次に進む。

〝戒〟は破ってもいい

《真観清浄観。広大智慧観。悲観及慈観。常願常瞻仰。》

「（観世音菩薩には）真観、清浄観も広大智慧観、悲観および慈観あり。常に願い、常に瞻仰（敬い慕うこと）すべし。」

観音さまは、事物をあるがままに観ることができる。

しかし、われわれはそうではない。わたしたちは恐怖におびえてものを見るから、ものが歪んで見える。そんなわたしたちに対して、観音さまは「無畏」(畏れなきこと)を施してくださる。そして、それによってわたしたちは、恐怖におびえることなく事物をあるがままに観れるようになるのだ。わたしたちに「無畏」を施してくださる観音さまが、なんの恐怖もなく事物をあるがままに観ておられることは言うまでもない。

わたしたちの眼は、物欲に曇っている。だから、ものが歪んで見える。そして、逆に、歪んだものを歪みなしに見てしまうのだ。けれども、観音さまはそうではない。観音さまの眼には、ものはあるがままに映じている。まっすぐなものはまっすぐに、歪んだものは歪んだままに観ておられる。観音さまは、真実を観る眼をもっておられるからだ。

ここに出てくるのは、『観音経』の〝五観〟と呼ばれているものである。〝五観〟とは、

---

1 真　観……真理を観ること。

2 清　浄　観……汚れなくものを観ること。

3 広大智慧観……広大なる智慧でもって事物を観ること。

4 悲　観……上の三つの観でもって衆生を観察し、そして衆生の苦を抜いてやる

こと。

5　慈　観……同じく三観でもって衆生を観察し、衆生に楽を与えること。

観音さまはこうした五観を身につけておられる。われわれもそうした観音さまに見習って、ぜひともものをあるがままに観られるようにならねばならない。


《無垢清浄光。慧日破諸闇。能伏災風火。普明照世間。

悲体戒雷震。慈意妙大雲。澍甘露法雨。滅除煩悩燄。

諍訟経官処。怖畏軍陣中。念彼観音力。衆怨悉退散。》

〔(観世音菩薩は) 無垢清浄の光ありて、慧日は諸の闇を破り、能く災の風火を伏し、普く明らかに世間を照らす。

非体の戒は雷のごとくに震い、慈の意は妙なる大雲のごとし。甘露の法雨を澍いで、煩悩の燄を滅除す。

諍い訟えて官処（役所）を経、軍陣中に怖畏せんに、彼の観音の力を念ずれば、衆の怨はことごとく退散せん。〕

観音さまの〝五観〟は、一口に言えば「無垢清浄の光」となる。浄らかで汚れのない光でもって、事物をあるがままに観察され、衆生を慈悲の光でもって包まれるのである。そのような無垢清浄の光――つまり、智慧の太陽が、この世の闇を破り、風火の災難をしずめ、世界の隅々までを明るく照らしだす。

つぎに、〝悲体と〟〝慈意〟といったことばがある。

五観の説明のとき述べたように、〝慈悲〟の〝慈〟は衆生に楽を与えることをいい、〝悲〟は衆生の苦を抜くことをいう。そういうふうに、仏教学者は解釈している。

じつは、インドのサンスクリット語（梵語）では、この〝慈〟は〝マイトレーヤ〟という語であり、そしてそれは〝ミトラ〟（友）という語が基本になっている。ただし、友といっても、特定の一人に友情をもつことではない。すべての人間に対して最高の友情をもつことが、〝慈〟である。それから〝悲〟のほうは、サンスクリット語では〝カルナー〟といい、「呻(うめ)き」といった意味がもとになっている。人生の苦に呻きを発している者に同感し、ともに呻く同苦の思い遣りが〝悲〟である。観音さまは、このような慈悲の菩薩なのである。

ところで、経文では、「悲体」と「慈意」とを言っている。これは、体(からだ)と意(こころ)に分けて、観音さまは〝悲〟を体とされ、〝慈〟を心にしておられるといった意味である。そして、その慈と悲によって観音さまは甘露のごとき法雨（教えの雨）をわれら衆生にそそがれ、わたしたちの燃え盛る煩悩の火を消してくださるのである。だからわれわれは、訴訟のために裁判所に呼び出されても、あるいは軍隊のなかで恐怖に怯(おび)えることがあっても、一心に観音さまの力を念じ、それにすがれば、あらゆる怨憎が消え失せてしまう。観音さまの慈悲によっても消えることのない煩悩・恐怖・怨念などは、ありっこないからである。それが経文の文意である。

ただし、もう一つ説明しておかねばならぬことがある。それは〝戒〟といったことばだ。「悲体の戒は雷のごとくに震い」とある経文の意味が、ちょっとわかりにくいが……。

これは、こういうことである。観音さまの身体は〝悲〟であるが、その〝悲〟は表現形態としては〝戒〟となってわれわれに示される、というのである。つまり、観音さまは、わたしたち衆生に戒を守れ！……と呼びかけられているのだ。

基本的な戒は、五戒である。

1 不殺生戒……殺すなかれ。
2 不偸盗戒……盗むなかれ。
3 不邪婬戒……淫らなセックスをするなかれ。
4 不妄語戒……嘘をつくなかれ。
5 不飲酒戒……酒を飲むなかれ。

しかし、じつは〝戒〟と〝戒律〟とはちがうのである。戒律といえば「戒と律」であって、「律」は罰則規程である。これこれのことをすれば、かくかくの罰が課せられる――というのが律である。これは小乗仏教において出家者だけに適用されるものだ。

大乗仏教は、基本的には在家の立場をとる。だから、あまり〝戒律〟を厳格に言わない。出家者に対してもそうであるのだから、ましてや在家の人間には〝戒〟だけでよいのである。〝戒〟というのは、したがって罰則規程がないから、たんなる精神的な戒めである。これを守れ!……という命令ではなしに、忠告なのだ。

殺すな、盗むな、淫らであるな、嘘をつくな、酒を飲むな……の戒は、おそらく人間には完全に守れないものであろう。たとえば、釈尊は在家信者から招待を受けられたとき、「ノー」の場合ははっきりと断わられたけれども、応諾の場合は口にだして約束されなかった。

「尊師(=釈尊)は沈黙をもって同意を示された」

と、仏典に書かれている。よんどころない事情で、約束が守れなくなった場合のことを、釈尊は憂慮されたからである。

わたしたちも「嘘をつくな」の戒を厳格に守ろうとすれば、そこまでしなければならない。それでは、いっさいの約束ができなくなる。現代社会において、出家者でもないわれわれ俗人は、とてもそんなことができそうにない。戒を完全に守ることなど、所詮は不可能なのだ。

だが、それでいいのである。戒は守ることに意味があるよりは、守ろうとする意志に意義がある。極端に言えば、戒は破ってもいいのである。わたしはそう考えている。

破りながら、それでもわたしたちが自戒をつづけて行く。そこに戒の意味がある。やむを得ず嘘をついたとき、あるいはつい知らずに嘘をついてしまったとき、だからダメなんだとは思わずに、それでもなお嘘をつくまいと努力をつづける。それが戒を守ることのほんとうの姿である。わたしはそう考えている。

そして、破りながらでも、なおも戒を守ろうと努力をつづけて行けば、そのうちにきっと戒のほうでわたしたちを守ってくれるようになるはずだ。酒を飲むまいと自戒していれば、おのずから酒を飲む機会がへってくる。あるいは、過度の飲酒をしなくなる。それが大事なことなんだ。わたしたちが戒を守れば、戒のほうでわたしたちを守ってくれるのだ。わたしは、戒について、以上のように考えているのである。

慈悲の眼

《妙音観世音。梵音海潮音。勝彼世間音。是故須常念。
念念勿生疑。観世音浄聖。於苦悩死厄。能為作依怙。
具一切功徳。慈眼視衆生。福聚海無量。是故応頂礼。》

〔(観世音菩薩の音声は)妙音なり、観世音なり、梵音なり、海潮音なり、勝彼世間音なり。この故に、須く常に念ずべし。

念々に疑いを生ずることなかれ。観世音は浄聖にして、苦悩死厄において、能くために依怙と作らん。

(観世音菩薩は)一切の功徳を具して、慈眼をもって衆生を視そなわしたもう。福の聚れる海の無量なるがごとし。この故に、まさに頂礼すべし。」」

いよいよ「世尊偈」も最後になった。

ここで「五音」が出てくる。この五音は、観音さまの説法のすばらしさをたたえたものである。

1 妙 音……妙なる音。

2 観世音……〝観世音〟といえば、観音さまの呼称そのものである。では、それはどんな音か? なんとなくわかるようでわからぬ。いや、わかるようでわからぬ、ではない。完全にわからないのだ。江戸中期の禅僧、臨済宗中興の祖といわれる白隠禅師は、この〝観世音〟を「隻手の声」だと言っておられる。両手を打ち合わせると音が出る。その音は誰にでも聞こえるが、禅では、片手(隻手)でもって鳴らされた音を聞け!……というのである。観世音が隻手の声だとすれば、わたしたちはどうしたらそれが聞けるだろうか?

なに、ちっともむずかしくなんかないのだ。静かに耳を傾ければ、その声が聞こえてくるのだ。

でしょう……。あなたにも聞こえますよね……。

3　梵　音……無垢の声。清らかな音声。

4　海潮音……海の潮の音。轟きわたる大きな音。

5　勝彼世間音……あらゆる世間の音声よりも勝れた音声。智慧の音声。

観音さまは、このような五音の持ち主であられる。そして、わたしたちは、このような観音さまを念ずるのだ。いつもいつも念じなければならぬ。そして、なんの疑いもなく念じつづけねばならぬ。

ある意味で、そこがいちばんむずかしいところである。

疑ってはならぬ――と言われても、われわれはつい疑ってしまうのだ。信じよ――と言われても、なかなか素直に信じられない。信じられぬから疑うことになり、疑うから信じられない。しかし、信じなければ、わたしたちは観音さまの音声を聴くことができない。

だが、――。

ここのところが大事である。にもかかわらず、観音さまは常に五音でもって説法され、あの慈眼でもってわれわれ衆生を観てくださっている。わたしたちが信じようが、疑おうが、それにもかかわらずに、じっとわたしたちに慈悲の眼を施してくださっているのだ。「無畏」を施してくださっている。

あの眼は、やさしい母親の眼だ！

いたずらをする子ども、反抗する子ども、泣いている子ども、喧嘩をしている子ども、苦しんでいる子ども……がいる。その子どもたちがふと気づけば、そこに観音さまのやさしい慈悲の眼がある。視線がある。

「南無観世音菩薩！」

そのやさしい視線に気づいたとき、わたしたちは必ずそう称名できるのだ。

そんなに急ぐことはない。あせることはない。わたしたちがそれを忘れていても、必ず観音さまのほうでわれわれにそれを気づかせてくださる……。

お地蔵さん登場

《爾時。持地菩薩。即従座起。前白仏言。世尊若有衆生。聞是観世音菩薩品。自在之業。普門示現神通力者。当知是人。功徳不少。仏説是普門品時。衆中八万四千衆生。皆発無等等。阿耨多羅三藐三菩提心。》

「その時、持地菩薩は、すなわち座より起ちて、前みて仏に白して言さく、「世尊よ、この観世音菩薩品の自在の業、普門示現の神通力を聞かん者は、まさに知るべし、この人の功徳は少なからざることを」と。仏、この普門品を説きたもう時、衆中の八万四千の衆生は、皆、無等等の阿耨多羅三藐三菩提心を発せり。」

さて、最後にお地蔵さんが登場される。持地菩薩とは、お地蔵さんのことだ。お地蔵さんが聴衆を代表して、お釈迦さんに応答されたのである。

「お釈迦さま、よくわかりました。この『観音経』に説かれた観音さまの自由自在の業、普く衆生を救うためにさまざまな姿に変身される観音さまの神通力を聞いた人の功徳が、いかに多いものであるかが……」

と。

お地蔵さんといえば、日本では、観音さまと並ぶ菩薩の双璧だ。どちらのほうが人気があるか、ちょっと比較のしようがない。観音さまが女性的であるのに対して、つるつる頭のお地蔵さんは男性的だ。でも、女性の形をしたお地蔵さんもあるそうだし、こわい忿怒形の馬頭観音もある。どちらがより好きか……といった好みの問題になりそうだが、さてわたしに、あなたは観音さまとお地蔵さまのどちらが好きですか、と問われても、返答に困ってしまう。どちらも好きです、と外交辞令的に答えるよりほかなさそうだ。

ただし、これだけは言える。

お地蔵さんだけでは淋しいし、観音さまだけでも淋しい、と。

だから、『観音経』を読んできて、『観音経』は観音さまについて説かれたお経だから、当然、主役は観音さまだ。それでお地蔵さんの出番がなかった。なんだか淋しかった。わたしは、なんとなく物足りなく思っていた。

だが、最後になって、お地蔵さんが登場された。お地蔵さんが聴衆を代表して、一言挨拶された。そう言っては悪いが、お地蔵さんの挨拶はいささか紋切り型である。紋切り型というのは、どの仏教経典も、そのお経の功徳を宣伝する文章が巻末につけられている。全部とはいえないが、ほとんどの経典がそうなっている。常套手段——というより、それがいわばお経の形式・スタイルなのだ。ここでのお地蔵さんの挨拶は、その形式にのっとっている。卒業式の総代の答辞である。したがって紋切り型の表現であるが、それでもその役目をお地蔵さんがやってくださったのは嬉しい限りである。お地蔵さんが登場されて、なんとなく安心できた。そういう効果もある。

そして、——。

お地蔵さんの答辞のあとには、これも紋切り型の文章がくる。

「お釈迦さまがこの普門品——すなわち『観音経』——をお説きになった時、八万四千の聴衆は、全員、この上ない完全な悟り（無等等の阿耨多羅三藐三菩提心）を求める心を起こした」

と。

つまり、この『観音経』を聴聞して、まだ悟っていない衆生が悟りを求めた、というのである。ということは、わたしたちも、この『観音経』によって悟りを開くことができるのだ。これは、そのことを保証してくれる文章である。そんな文章が最後にあって、それで『観音経』は終わっている。

終章

再び、奇蹟とはなにか……

観音さまの霊験譚

『観音経』は奇蹟の経典である――。

たしかにそんな書き出しでもって、本書をはじめたはずである。そして、その奇蹟の経典を読み進めて、最後まできた。いちおう、われわれは『観音経』を読了した。

だが、わたしにとって、気になることが一つあった。

『観音経』を奇蹟の経典と断じておきながら、その奇蹟の実例について、ほとんどわたしは語ってこなかった。

霊験譚である。神仏の不思議な感応、そのご利益を「霊験」という。そして観音信仰についても、さまざまな霊験譚、霊験記が古来語られてきた。『今昔物語集』や『日本霊異記』などにも、古代の観音信仰とその霊験記が伝えられているし、その伝統は江戸時代にいたるまであり、数多くの霊験譚が書かれてきた。いや、江戸以降も、現代にいたるまで、それは語り伝えられてきているのである。本書において、わたしはせめてその一端でも紹介すべきであったかもしれない。執筆しながら、わたしはそのことが気になっていた。

『観音経』を語って、実例としての霊験譚がないのは、これは致命的欠点である。そんなお叱りの声が聞こえそうだ。あるいは、勘を働かせた読者は――わたしに言わせてもらうと、それは勘の働かせすぎなのだが――、きっと著者はいわゆる科学的合理主義者であって、古色蒼然たる霊験譚などに興味がないのであろう。燃え盛る火の中でも焼けず――といった奇蹟は子ども騙しと思っており、わたしがそういった類のものを信じていないのだ、と早合点されているかもしれない。だから、わたしが故意に霊験譚を無視してしまった……との結論になりそうだ。

けれども、もしそうであれば、わたしはとんでもない誤りを犯したことになる。なぜなら、火にあって火に焼けず、水にあって水に溺れず――の奇蹟を信じることなくして、ほんとうは『観音経』を語ってはいけないからである。いや、奇蹟を信ぜずして、『観音経』は語ろうとして語り得ぬものである。

だから、読者よ、これだけは信じていただきたい。わたしが奇蹟を否定しているのではないことを……。霊験譚をあえて無視したのは、別の理由があってのことだ。

固定されたイメージ

わたしがあまり霊験譚を語らなかった理由は、こういうことだ……。

霊験といい、奇蹟といい、ずいぶんと人によって受け取り方がちがっているのである。ある人がそれを霊験とするものを、他の人は否定する。その他の人が奇蹟だとするものは、別の人間は絶対に認めようとはしない。それが普通であろう。

わかり易く言えば、それは主観的判断に依存している。主観的判断に依存する——と、かえってむずかしい単語が飛び出したと思われるかもしれないが、たとえば「美人」を決めるのがそれであろう。甲はA子を美人とし、乙はそれを否定してB子を推薦する。そして丙は、A子・B子のいずれでもないC子を美人とするだろう。それが普通である。ごくたまに、甲乙丙が一致することはあるが、千人が千人、万人が万人、一億が一億、一致する美人は、まず存在しない。

奇蹟についても、たぶん同じことが言える。
ある人は、じっと昼寝をしていて、向こうから僥倖（ぎょうこう）の飛び込んでくるのが奇蹟だと考えている。宝くじに当たるようなものか。しかし、それは偶然であって奇蹟ではないと、それを打ち消す人もいるだろう。わたし自身について言っても、どちらかといえば打ち消したいほうだ。

奇蹟は努力・精進の末に得られるものだ。そういうふうに主張する人だっているだろう。汗水垂らしてがんばってこそ、真の奇蹟の訪れがある。遊んで暮らしている奴に、奇蹟はない！　そう言われればそのようにも思えるが、しかし一部の人はこの意見に対して、努力すれば成果があるのが当然で、そうして得られた奇蹟的成果は奇蹟でないと言うはずだ。まあ、いろんな考え方があるものである。

奇蹟を確率的に論ずることだってできる。確率だなんてことを言いだせば、わたしの脱線話がはじまりそうでちょっと困惑しているのだが、サイコロを十回投げて1の目が出つづければ、たいていの人はびっくりする。しかし、それはまだ奇蹟と言わぬだろう。では、一万回つづけて1の目が出ればどうか……。たぶん、誰人も「奇蹟が起きた！」と断言するだろう。

とすれば、十回と一万回のあいだのどこかに、「奇蹟」を成立させるボーダーライン（境界線）があるわけだ。まあ、そんなふうな確率論だって、決して奇蹟に無関係ではない。奇蹟をどう定義するか……となれば、やはり一応は確率をも論じておかねばならぬだろう。

あるいは、ご利益の〝量〟だって問題になる。

十円、百円の金であれば、わりと簡単に手に入る。駅の前で、道行く人にお願いすれば、その程度の金銭ならめぐんでいただけるであろう。それくらいのものは、だからめぐんでいただけたとしても、奇蹟ではない。しかし、一千万円をポンとめぐんでくれる人がいれば、やはりそのことは「奇蹟」になる。

ともあれ、なにが奇蹟か……とても一筋縄では行かない。甲論乙駁（こうろんおつばく）、議論のわかれるところだ。したがって、本書においてわたしが実例を挙げれば、逆にそれによってイメージが限定され、固定されて、かえって「奇蹟」がぼやけてしまう。必ず、それは「奇蹟」でない――と言う人が出てくるからである。

だから、わたしは実例を挙げなかった。

たとえば、一枚の映画スターのブロマイドをもって美人を論ずれば、かえって底が浅くなるようなものだ。むしろ、読者の心のうちにある〝美人像〟――〝奇蹟像〟を大事にしていただいたほうがよい。そう考えたからである。

●わたしの奇蹟――

では、著者に、なんの「奇蹟」像もないのか……？ そんな反問がなされるかもしれない。

とんでもない！ 著者に「奇蹟」のイメージがなくて、奇蹟の経典たる『観音経』は語り得ない。

最後にわたしは、わたしの「奇蹟」観――わたしが「奇蹟」をどう思っているか、について語っておこう。

わたしは、

「南無観世音菩薩！」の称名が、

「念彼観音力」そのものが、

奇蹟であると思っている。奇蹟とはなにか？……と問われれば、称名させていただけるそのことが、大きな奇蹟なのだとわたしは答えたい。

すなわち、わたしたちは、観音さまの名(みな)を呼んで、観音さまにさまざまなお願いをする。ふつうの考え方では、その願いが適(かな)えられれば奇蹟・霊験があったとするのであろうが、わたしの考え方は少しちがう。すでに観音さまの名を称えさせていただけたことが、奇蹟であり、霊験である。わたしはそう思っている。そして、それが仏教の考え方だと思うのだ。

たとえば、布施の功徳については、仏教ではこのように考えている。

布施というものが、他人にめぐんでやるのではなしに、自分のためにするものであることはすでに述べておいた（一六九頁参照）。

ここにケーキが一つあって、姉と弟の二人がいる。そのケーキは姉が隣家から貰ってきたものだから、ほんらいをいえば姉のものだ。しかし、親は姉に、弟に半分を分けてあげなさい——と忠告する。なぜ、分けてあげる必要があるのだろうか……。

弟がかわいそうだから……というのも、一つの理由である。けれども、それだけだと、どうしても「わたしが弟にめぐんでやるのだ」という気持ちがつきまとう。その気持ちは、ちょっと純粋ではない。それがあると、布施は清浄ではなくなる。

いま分けておいてあげると、この次、弟がケーキを貰ったときに分けてもらえるから……というのは、取引か投資の精神であって、布施ではない。世の中には、そんな考えでなされる贈り物が多いので、贈り物をしながらかえってギスギスしてくる。そんな考えでくださるプレゼントなら、いっそのこと貰わぬほうがましである。贈る側は、そのお金を銀行にでも預金されておかれるとよい。けれども、こういうふうに考えている人が多いのだ。よく人は、恩を仇でかえされたと言うが、なにか返報を期待しているから、そうなるのだ。

ケーキを分けて食べるのは、そうしたほうがおいしいからである。姉と弟が二人で談笑しながら食べる。たといケーキは半分になっても、そのほうがおいしい。喜びは確実に二倍になっているだろう。

姉は、食べようと思えば一人で食べられたのだ。それをそうしないで、二人で食べた。二人で食べた功徳は、二人で食べる喜びのなかにある。二人で食べるそのことが、すでに功徳であり、ご利益なのだ。わたしはそう思う。それが仏教的な考え方だと信じている。

観音さまの奇蹟は、観音さまを念ずる——そのことのうちにある。

わたしたちは苦しみに遭遇して、ときに絶望の気持ちになる。絶望のあげく、酒に逃避したり、死に逃避したりする。それがそうならないで、苦しみのうちに観音さまを念ずることができたら、もうそのこと自体が一つの奇蹟である。

悲しいときにも、決して絶望しないで、ひたすらに観音さまを念ずることができる。それが、そのこと自体が奇蹟である。

恐怖のなかで観音さまを念ずることができれば、それがすでに奇蹟なのだ。

わたしは、奇蹟についてそう考えている。

これがわたしの奇蹟観だ。

どうか読者も、ご自分の奇蹟を発見していただきたい。

『観音経』は奇蹟の経典であり、読者はきっと『観音経』のうちから、ご自分の奇蹟を発見されるであろう。それが発見できれば、『観音経』がわかったことになるのだ――。

南無観世音菩薩、なむかんぜおんぼさ……。合掌。

妙法蓮華経観世音菩薩普門品第二十五

爾時。無尽意菩薩。即従座起。偏袒右肩。合掌向仏。而作是言。世尊。観世音菩薩。以何因縁。名観世音。仏告無尽意菩薩。善男子。若有無量。百千万億衆生。受諸苦悩。聞是観世音菩薩。一心称名。観世音菩薩。即時観其音声。皆得解脱。

若有持是観世音菩薩名者。設入大火。火不能焼。由是菩薩威神力故。若為大水所漂。称其名号。即得浅処。若有百千万億衆生。為求金銀。瑠璃。硨磲。碼碯。珊瑚。琥珀。真珠等宝。入於大海。仮使黒風。吹其船舫。飄堕羅刹鬼国。其中若有乃至一人。称観世音菩薩名者。是諸人等。皆得解脱羅刹之難。以是因縁。名観世音。若復有人。臨当被害。称観世音菩薩名者。彼所執刀杖。尋段段壊。而得解脱。若三千大千国土。満中夜叉羅刹。欲来悩人。聞其称観世音菩薩名者。是諸悪鬼。尚不能以。悪眼視之。況復加害。設復有人。若有罪。若無罪。杻械枷鎖。検繋其身。称観世音菩薩名者。皆悉断壊。即得解脱。若三千大千国土。満中怨賊。有一商主。将諸商人。齎持重宝。経過険路。其中一人。作是唱言。諸善男子。勿得恐怖。汝等応当。一心称観世音菩薩名号。是菩薩。能以無畏。施於衆生。汝等若称名者。於此怨賊。当得解脱。衆商人聞。倶発声言。南無観世音菩薩。称其名故。即得解脱。無尽意。観世音菩薩摩訶薩。威神之力。巍巍如是。

若有衆生。多於婬欲。常念恭敬。観世音菩薩。便得離欲。若多瞋恚。常念恭敬。観世音菩薩。便得離瞋。若多愚癡。常念恭敬。観世音菩薩。便得離癡。無尽意。観世音菩薩。有如是等。大威神力。多所饒益。是故衆生。常応心念。

若有女人。設欲求男。礼拝供養。観世音菩薩。便生福徳智慧之男。設欲求女。便生端正有相之女。宿植徳本。衆人愛敬。無尽意。観世音菩薩。有如是力。若有衆生。恭敬礼拝。観世音菩薩。福不唐捐。是故衆生。皆応受持。観世音菩薩名号。

無尽意。若有人。受持六十二億。恒河沙菩薩名字。復尽形供養。飲食衣服。臥具医薬。於汝意云何。是善男子。善女人。功徳多不。無尽意言。甚多世尊。仏言。若復有人。受持観世音菩薩名号。乃至一時。礼拝供養。是二人福。正等無異。於百千万億劫。不可窮尽。無尽意。受持観世音菩薩名号。得如是無量無辺。福徳之利。

無尽意菩薩。白仏言。世尊。観世音菩薩。云何遊此娑婆世界。云何而為衆生説法。方便之力。其事云何。仏告無尽意菩薩。善男子。若有国土衆生。応以仏身。得度者。観世音菩薩。即現仏身。而為説法。応以辟支仏身。得度者。即現辟支仏身。而為説法。応以声聞身。得度者。即現声聞身。而為説法。応以梵王身。得度者。即現梵王身。而為説法。応以帝釈身。得度者。即現帝釈身。而為説法。応以自在天身。得度者。即現自在天身。而為説法。応以大自在天身。得度者。即現大自在天身。而為説法。応以天大将軍身。得度者。即現天大将軍身。而為説法。応以毘沙門身。得度者。即現毘沙門身。而為説法。応以小王身。得度者。即現小王身。而為説法。応以長者身。得度者。即現長者身。而為説法。応以居士身。得度者。即現居士身。而為説法。応以宰官身。得度者。即現宰官身。而為説法。応以婆羅門身。得度者。即現婆羅門身。而為説法。応以比丘。比丘尼。優婆塞。優婆夷身。得度者。即現比丘。比丘尼。優婆塞。優婆夷身。而為説法。応以長者。居士。宰官。婆羅門婦女身。得度者。即現婦女身。而為説法。応以童男童女身。得度者。即現童男童女身。而為説法。応以天。竜。夜叉。乾闥婆。阿脩羅。迦楼羅。緊那羅。摩睺羅伽。人非人等身。得度者。即皆現之。而為説法。応以執金剛神。得度者。即現執金剛神。而為説法。無尽意。是観世音菩薩。成就如是功徳。以種種形。遊諸国土。度脱衆生。是故汝等。応当一心。供養観世音菩薩。是観世音菩薩摩訶薩。於怖畏急難之中。能施無畏。是故此娑婆世界。皆号之為。施無畏者。

無尽意菩薩。白仏言。世尊。我今当供養。観世音菩薩。即解頸衆宝珠瓔珞。価直百千両金。而以与之。作是言。仁者。受此法施。珍宝瓔珞。時観世音菩薩。不肯受之。無尽意。復白観世音菩薩言。仁者。愍我等故。受此瓔珞。爾時仏告。観世音菩薩。当愍此無尽意菩薩。及四衆。天。竜。夜叉。乾闥婆。阿修羅。迦楼羅。緊那羅。摩睺羅伽。人非人等故。受是瓔珞。即時観世音菩薩。愍諸四衆。及於天。竜。人非人等。受其瓔珞。分作二分。一分奉釈迦牟尼仏。一分奉多宝仏塔。無尽意。観世音菩薩。有如是自在神力。遊於娑婆世界。

爾時無尽意菩薩。以偈問曰。

世尊妙相具。我今重問彼。仏子何因縁。名為観世音。
具足妙相尊。偈答無尽意。汝聴観音行。善応諸方所。
弘誓深如海。歴劫不思議。侍多千億仏。発大清浄願。
我為汝略説。聞名及見身。心念不空過。能滅諸有苦。
仮使興害意。推落大火坑。念彼観音力。火坑変成池。
或漂流巨海。竜魚諸鬼難。念彼観音力。波浪不能没。
或在須弥峯。為人所推堕。念彼観音力。如日虚空住。

或被悪人逐。堕落金剛山。念彼観音力。不能損一毛。
或値怨賊繞。各執刀加害。念彼観音力。咸即起慈心。
或遭王難苦。臨刑欲寿終。念彼観音力。刀尋段段壊。
或囚禁枷鎖。手足被杻械。念彼観音力。釈然得解脱。
呪詛諸毒薬。所欲害身者。念彼観音力。還著於本人。
或遇悪羅刹。毒竜諸鬼等。念彼観音力。時悉不敢害。
若悪獣囲遶。利牙爪可怖。念彼観音力。疾走無辺方。
蚖蛇及蝮蠍。気毒煙火然。念彼観音力。尋声自回去。
雲雷鼓掣電。降雹澍大雨。念彼観音力。応時得消散。
衆生被困厄。無量苦逼身。観音妙智力。能救世間苦。
具足神通力。広修智方便。十方諸国土。無刹不現身。
種種諸悪趣。地獄鬼畜生。生老病死苦。以漸悉令滅。
真観清浄観。広大智慧観。悲観及慈観。常願常瞻仰。
無垢清浄光。慧日破諸闇。能伏災風火。普明照世間。
悲体戒雷震。慈意妙大雲。澍甘露法雨。滅除煩悩燄。

諍訟経官処。怖畏軍陣中。念彼観音力。衆怨悉退散。
妙音観世音。梵音海潮音。勝彼世間音。是故須常念。
念念勿生疑。観世音浄聖。於苦悩死厄。能為作依怙。
具一切功徳。慈眼視衆生。福聚海無量。是故応頂礼。

爾時。持地菩薩。即従座起。前白仏言。世尊若有衆生。聞是観世音菩薩品。自在之業。普門示現神通力者。当知是人。功徳不少。仏説是普門品時。衆中八万四千衆生。皆発無等等。阿耨多羅三藐三菩提心。

●解説　復刊に寄せて――ひろさちや氏のこと

松平實胤（継鹿尾観音 寂光院山主）

二〇二二年三月三十日夕刻、奥様から電話が入りました。いつもならご自分で直接電話をされるのにと思いつつ電話を受けると先生に代わられました。病床にあられたようです。「お別れが言いたくてね。実は僕はがんが進行してね。明日死ぬと思う」という内容でした。突然のことで、その内容を納得なんかできません。床についても寝つかれぬまま「がんに感謝している。お別れの電話ができたのだから……これでお浄土に……」という言葉が何度も何度も頭をよぎりました。そして「そうだ、これは先生の生前葬だったのだ」ということに気づきました。しばらくして四月七日に逝去されたとの報が届きました。先生のご信念どおり「即得往生」、ご家族に送られてそのままお浄土に旅立たれたそうです。

さて先生のお名前を初めて知ったのは、某寺の門前にあった「仏教講演会」の立看板でした。講師・増原良彦（ひろ先生のご本名）ってどんな方かとそっと覗いてみたのですが、第一印象は「服装、髪型」が実におしゃれでいらっしゃったこと、仏教講演会のイメージが一八〇度変わるほど実にわかりやすい明快な語り口であったことでした。以後、書店に入るたびに先生の本が気になるようになりました。そして一九八二年暮、初めて手にした本がこの『観音経 奇蹟の経典』でありました。実は私が住する山寺は千手観音様を御本尊とする観音霊場でしたので、この本との出会いこそまさに「奇蹟」と感じたものです。

お寺に育った私は「門前の小僧習わぬ経を読む」で、小学生の頃から観音経偈文は諳んじて読んでおりました。長じて内容が気になり観音経に関する解説書を手にするのですが、難しいことを難しい言葉で説かれる僧侶や仏教学者が多く、今一つ得心がいきませんでした。しかし、本書を手に取り、その内容の奥行きの深さに驚きつつも、胸に染み入るようなわかりやすさに感激したものです。最後に本題の「観音さまの奇蹟」とはなにか？……「苦しいときにも、悲しいときにも、恐怖の中でも、決して絶望しないで、ひたすら観音様を念ずること（念彼観音力）ができる。それが、その事自体が奇蹟である。」という先生の奇蹟観に、私は膝を叩いて頷きました。そしてその時、幼少の頃の風景が蘇りました。

腕白坊主の私はよくお腹をこわして下痢で苦しみました。母は私を見かねていつも言ったものです。「痛くて辛いときはいつでもネンピーカンノンリキと唱えながらお腹をさすりなさい」。私にはその「ネンピーカンノンリキ」なるものが観音経の「念彼観音力」だと知る由もありません。せいぜい「チチンプイプイ」程度にしか理解できなかったのでしょうが、母と一緒に一生懸命唱えつつお腹をさすれば、不思議と痛みは癒えたものです。それを母はいつも「仏様のおかげだよ」といったものです。母に観音経の理解があったとは思えませんが、「痛い痛い」と泣きわめくことしかできない子供に「ネンピーカンノンリキ」と一緒にお唱えしている母を思い出した時、母が観音様のように思えてなりませんでした。

それ以後、小中高大学での折々の試験では、不勉強のゆえにいつも「万事休す」に近かったのですが、そのつど「ネンピーカンノンリキ」と唱えつつ乗り切った思い出が蘇りました。

しかし、このような苦しい場面にあったときに取り乱すことなく観音様を念ずる（念彼観音力）ことができたとしてもこれが「奇蹟」とは言い難いのではないか、それは「苦しい時の神頼み」のようなものではないのか、どなたでも大なり小なり経験されることではないのかと、思ったものです。

では、理不尽な目にあったり、他人からひどい仕打ちを受けたとき、静かに観音様を念じつつ「南無観世音菩薩」と唱えられるかと問われれば、到底私にはできません。周りに当たり散らし怒鳴り散らすのが関の山でしょう。

更に、貪（むさぼり）・瞋（いかり）・痴（おろかさ）の三毒が鎌首を持ち上げてきたときは「南無観世音菩薩」と称名すれば、三毒から離れることができると観音経は説きます。しかし、そのさなかにあってなおこの私が観音様を念ずることができるとしたら、それは間違いなく「大奇蹟！」だと思ったものです。

さて、本書がこのたび四十年ぶりに復刊されると聞き、感慨無量です。今一度じっくり味わいたいと思います。四十年たった今、いついかなる時も取り乱すことなく一心に南無観世音菩薩と称名できる自分になっているか、観音経の教えが身についているかと問われれば、「とてもとても」と言わざるを得ません。しかし、青天の霹靂で二十六歳で荒廃した山寺の住職に就任した私が、絶望のあまり夜逃げしそうになったこと一切ならず、紆余曲折を経ながらも今日を迎えられたことはまさに観音様の奇蹟としか言いようがありません。私にとって都合のいい人はもちろんのこと、そうでなかった人こそ私に前向きに生きる勇気を与えて下さった観音様だと思えるようになれました。

先生の信念で、世間で言う「葬儀」も「お別れの会」もありませんでしたが、残された著作は数百冊（奥様も実数は把握できないそうです）、その類まれなる碩学をしのぶことはいつでもそれぞれの書棚でできます。更に先生の名著復刊の動きはこれからも続きそうです。そのつど先生と語り合えるようで楽しみです。

ひろ　さちや

一九三六年（昭和十一年）、大阪市に生まれる。東京大学文学部印度哲学科卒業、東京大学大学院人文科学研究科印度哲学専攻博士課程修了。一九六五年から二十年間、気象大学校教授をつとめる。退職後、仏教をはじめとする宗教の解説書から、仏教的な生き方を綴るエッセイまで幅広く執筆するとともに、全国各地で講演活動をおこなう。厖大かつ多様で難解な仏教の教えを、逆説やユーモアを駆使して表現される筆致や語り口は、年齢・性別を超えて好評を博する。二〇二二年（令和四年）、逝去。

おもな著書に、『仏教の歴史（全十巻）』『釈迦』『仏陀』『大乗仏教の真実』『ひろさちやのいきいき人生（全五巻）』（以上春秋社）、『お念仏とは何か』『禅がわかる本』（以上新潮選書）、『生き方、ちょっと変えてみよう』『のんびり、ゆったり、ほどほどに』『インド仏教思想史（上下巻）』『〈法華経〉の世界』『法華経』日本語訳』『〈法華経〉の真実』（以上佼成出版社）などがある。

観音経 奇蹟の経典

2023年2月28日　初版第1刷発行

著　者　ひろさちや
発行者　中沢純一
発行所　株式会社佼成出版社
〒166-8535　東京都杉並区和田2-7-1
電話　(03) 5385-2317 (編集)
　　　(03) 5385-2323 (販売)
URL　https://kosei-shuppan.co.jp/

装　丁　山本太郎
印刷所　亜細亜印刷株式会社
製本所　株式会社若林製本工場

ISBN978-4-333-02886-3　C0015　NDC188/232P/19cm